감수 · 남상호(대전대학교 생명과학과 교수)

고려대학교 생물학과와 같은 대학교 대학원(이학박사)을 졸업했습니다. 고려대학교 한국곤충연구소 연구원 및 연구교수를 거쳐, 현재 대전대학교 생명과학과 교수 겸 대전대학교 부총장으로 있습니다. 학회 활동으로 한국곤충학회 회장, 한국생태학회 회장을 역임하였고 현재 한국생물과학협회 회장과 한국자연사박물관협회 회장을 맡고 있습니다. 그동안 100여 편의 곤충 분야 논문을 발표했으며, 저서로는 《한국의 곤충》《한국동식물도감—곤충편 Ⅷ, Ⅸ》《한국곤충생태도감 Ⅴ》《한국의 나비》《우리곤충도감》 등이 있습니다.

사진, 글 · 이수영

곤충 전문 사진작가로, 20여 년간 국내외를 다니며 곤충의 세계를 사진으로 기록했습니다.
그동안 《한국곤충생태도감》《한국의 나비》《곤충의 비밀》《우리 아이 호기심을 키워 주는 생생한 곤충 백과》《봄 · 여름 · 가을 · 겨울 신기한 곤충 이야기》 등 여러 권의 곤충 책을 냈으며, MBC 문화방송에서 〈풀숲의 전쟁〉〈산골마을 곤충일기〉 등 여러 편의 곤충 다큐멘터리도 촬영했습니다. 〈개똥벌레의 비밀〉과 〈야생벌이 산사에 깃든 사연은〉이 제5회 JAPAN WILD LIFE FILM FESTIVAL 아세아 오세아니아 최우수상과 심사위원상을 수상했습니다. 현재 방송, 출판, 잡지 등에서 곤충 전문 생태 사진가로 활동하고 있습니다.

2024년 8월 20일 개정판 11쇄 펴냄

사진, 글 · 이수영
감수 · 남상호(대전대학교 생명과학과 교수)

펴낸이 · 이성호
펴낸곳 · (주)글송이

편집/디자인 · 임주용, 최영미, 이여주, 오영인, 이강숙
마케팅 · 이성갑, 윤정명, 이현정, 문현곤, 이동준
경영지원 · 최진수, 이인석, 진승현

출판 등록 · 2012년 8월 8일 제2012-000169호
주소 · 서울시 서초구 능안말1길 1 (내곡동)
전화 · 578-1560~1 **팩스** · 578-1562
이메일 · gsibook01@naver.com

ⓒ이수영, 2015

ISBN 979-11-7018-074-6 74400
　　　　979-11-86472-78-1 (세트)

7~10세

우리아이 호기심을 키워 주는
생생한
곤충백과

이수영 사진, 글
남상호 (대전대학교 생명과학과 교수) 감수

글송이

머리말

나풀나풀~ 매앰매앰~ 스스스슥~
신비로운 곤충 세계가 궁금한가요?

친해지고 싶은 사람이 있다면 그 사람과 자주
만나야 하지요? 그 사람의 집에 놀러 가 이야기를 나누고
맛있는 음식을 나눠 먹는 등 만남과 대화의 기회를 늘려야
친해지잖아요.

마찬가지로 곤충에 대해 잘 알고 싶다면 산과 들로 나가 곤충과 자주
만나야 해요. 곤충의 생김새도 요모조모 살펴보고 조심조심 만져
보면서 친숙해져야 하지요.

곤충에 대해 궁금한 것이 많은 어린이 여러분이 곤충과 친해지는 데
도움이 되고자, 대표적인 우리 곤충들을 모아 책으로 꾸렸답니다.
이 책과 함께 자연 속에 살아가는 곤충을 사랑하고 아끼는 멋진
어린이가 되길 바랍니다.

곤충 사진 찍는 아저씨
이 수 영

차례

1. 곤충이란 무엇일까요? · 15

곤충은 어떻게 생겼어요? · 16

곤충은 어떻게 사물을 볼까요? · 18

곤충마다 입의 생김새가 달라요? · 20

곤충은 어떻게 자랄까요? · 22

2. 우리나라에 사는 곤충들 · 25

– 장수풍뎅이 · 26

장수풍뎅이와 사슴벌레는 왜 싸워요? · 28

장수풍뎅이는 어디에 알을 낳을까요? · 30

장수풍뎅이는 어떻게 자라요? · 32

장수풍뎅이의 암수는 어떻게 달라요? · 36

– 사슴벌레 · 38

사슴벌레의 집게같이 생긴 것은 무엇일까요? · 40

사슴벌레 수컷은 어떻게 싸워요? · 42

사슴벌레는 어디에 알을 낳을까요? · 44

사슴벌레는 어떻게 자라요? · 46

용감무쌍 사슴벌레 · 48

– 나비 · 50

차례

호랑나비는 어디에 알을 낳을까요? · 52

호랑나비 애벌레는 어떻게 자라요? · 54

번데기에서 어떻게 호랑나비가 태어나요? · 56

나비의 날개는 왜 안 젖어요? · 58

나풀나풀 나비 · 60

- 나방 · 62

나비와 나방은 어떻게 다를까요? · 64

팔랑팔랑 나방 · 66

- 무당벌레 · 68

무당벌레는 무엇을 먹어요? · 70

무당벌레는 어떻게 자랄까요? · 72

아기자기 무당벌레 · 76

- 사마귀 · 78

사마귀 애벌레는 어떻게 생겼어요? · 80

사마귀 애벌레는 허물을 몇 번 벗나요? · 82

사마귀 눈은 왜 밤에 까맣게 변해요? · 84

사마귀 알집은 어떻게 생겼어요? · 86

우리나라에 사는 사마귀 · 88

- 메뚜기 · 90

메뚜기는 어떻게 자랄까요? · 92
메뚜기는 가을에 왜 계속 울어요? · 94
메뚜기는 어디에 알을 낳을까요? · 96
메뚜기는 어떻게 몸을 피해요? · 98
귀뚜라미는 메뚜기와 어떻게 다를까요? · 100
폴짝폴짝 메뚜기 · 102
– 잠자리 · 104
잠자리는 무엇을 먹어요? · 106
잠자리는 어디에 알을 낳을까요? · 108
잠자리는 어떻게 자라요? · 110
자리자리 잠자리 · 112
– 벌 · 개미 · 114
꿀벌의 집은 어떤 모양일까요? · 116
바위 밑에 사는 벌이 있어요? · 118
점호리병벌은 어떤 집을 지을까요? · 120
개미와 말벌이 친척이에요? · 122
위잉위잉 벌 · 126
– 매미 · 128
매미는 어떻게 자랄까요? · 130

차례

매미는 무엇을 먹어요? · 134

우는 매미는 암컷일까요, 수컷일까요? · 136

매미는 어디에 알을 낳을까요? · 138

매앰매앰 매미 · 140

- 반딧불이 · 142

반딧불이는 왜 불빛을 낼까요? · 144

반딧불이 애벌레는 무엇을 먹어요? · 146

반짝반짝 반딧불이 · 148

- 뿔쇠똥구리 · 150

뿔쇠똥구리는 어떻게 생겼어요? · 152

쇠똥구리는 어디에 알을 낳을까요? · 154

쇠똥구리는 어떻게 자라요? · 156

- 노린재 · 158

노린재는 어떻게 자랄까요? · 160

우리나라에 사는 노린재 · 162

- 하늘소 · 164

하늘소는 무엇을 먹어요? · 166

하늘소는 어떤 곤충을 흉내 내요? · 168

여러 색깔의 하늘소 · 170

- 길앞잡이 · 172

길앞잡이는 언제 태어날까요? · 174

- 물속에 사는 곤충 · 176

물자라는 어디에 알을 낳아요? · 178

소금쟁이는 어떻게 물 위에 뜰까요? · 180

물속 곤충은 모두 헤엄을 잘 치나요? · 182

가장 큰 물속 곤충은 무엇일까요? · 184

물방개를 왜 물속 청소부라고 할까요? · 186

- 주변에서 볼 수 있는 곤충 · 188

꽃밭에서 어떤 곤충을 볼 수 있나요? · 190

곤충들이 가로등에 왜 모일까요? · 192

3. 곤충의 이모저모 · 195

곤충은 어디에서 살아요? · 196

숨바꼭질을 하는 곤충이 있어요? · 198

곤충은 어떻게 겨울을 날까요? · 204

곤충은 어떻게 의사 전달을 해요? · 206

세계에서 가장 큰 곤충은 무엇일까요? · 208

곤충 관찰 떠나기 · 210

1장
곤충이란 무엇일까요?

곤충은 지구 어디에서나 살고 있어요.
산, 강, 들판, 호수, 동굴에서도 살고,
타는 듯한 사막이나 뜨거운 온천에서도 살고 있어요.
지구에 사는 동물 가운데
곤충의 종류가 제일 많지요.
알려진 것만 해도 100만 종이 넘어요.

1장 · 곤충이란 무엇일까요?

곤충은 어떻게 생겼어요?

곤충의 몸은 머리, 가슴, 배 세 부분으로 나뉘어 있어요.
머리 부분에는 더듬이 한 쌍, 겹눈, 홑눈, 입이 달려 있고,
가슴 부분에는 세 쌍의 다리와 두 쌍의 날개가 달려 있어요.
곤충은 몸속에 뼈가 없어요.
그 대신 몸을 둘러싸고 있는
겉껍질이 단단해서
몸을 보호하지요.

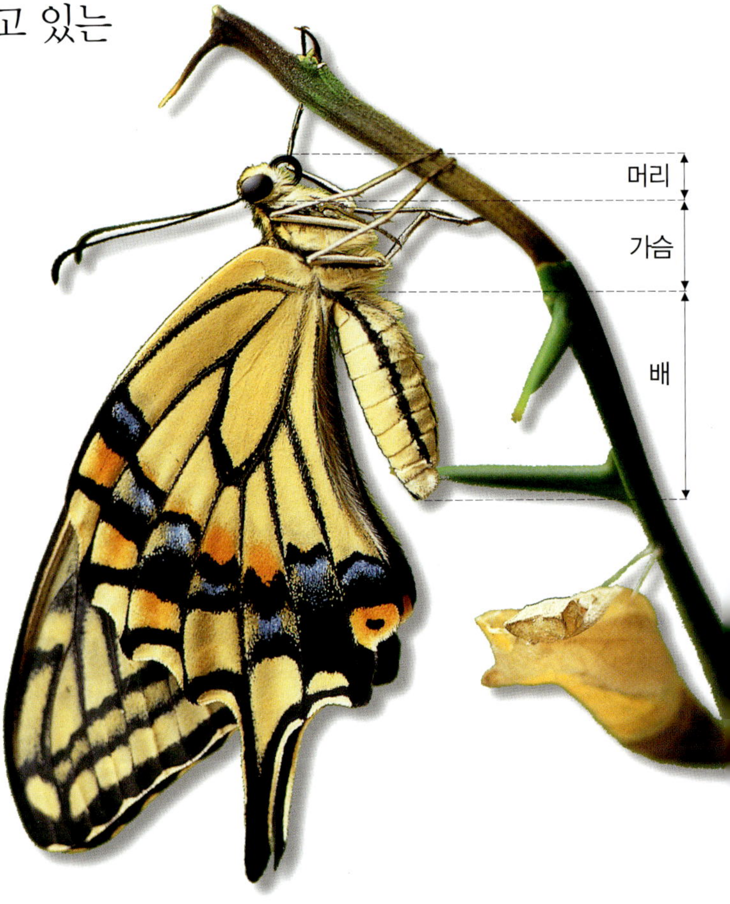

머리

가슴

배

▶ **호랑나비의 몸**
머리, 가슴, 배
세 부분으로
나뉘어 있어요.
다리가 세 쌍,
날개가 두 쌍이에요.

◀잠자리의 몸
머리, 가슴, 배
세 부분으로
나뉘어 있어요.
잠자리 역시 날개가
두 쌍이랍니다.

▲잠자리의 몸 구조를 관찰하는 어린이

곤충은 어떻게 사물을 볼까요?

1장 · 곤충이란 무엇일까요?

곤충의 머리에는 한 쌍의 큰 겹눈과 세 개의 홑눈이
달려 있어요. 겹눈은 움직이는 물체를 볼 수 있어요.
또 홑눈은 물체의 형태, 어둠과 밝기를 볼 수 있어요.
곤충은 이처럼 아주 좋은 눈을 가졌어요.
그래서 적이 나타나면 쉽게 달아날 수 있고,
아주 작은 먹잇감도 정확하게 잡을 수 있지요.

▲**뽕나무하늘소의 얼굴** – 얼굴 양쪽에 두 개의 겹눈이 있어요.

▲풀무치 얼굴　　　　　▲장구애비 얼굴

겹눈

홑눈

▲긴무늬왕잠자리의 얼굴
두 개의 큰 겹눈과 세 개의 홑눈이 있어요.

곤충마다 입의 생김새가 달라요?

1장 · 곤충이란 무엇일까요?

곤충마다 입의 생김새가 달라요. 곤충의 입은 씹는 입, 빠는 입, 핥는 입으로 나뉘어져요. 씹는 입을 가진 사마귀는 다른 곤충을 잡아서 씹어 먹어요. 빠는 입을 가진 나비는 빨대처럼 생긴 입으로 꽃에서 꿀을 빨아 먹어요. 핥는 입을 가진 파리는 스폰지처럼 생긴 혀로 먹이를 핥아먹지요.

◀씹는 입을 가진 **사마귀**는 먹이를 씹어 먹어요.

▶**파리**는 스폰지처럼 생긴 혀로 먹이를 핥아먹어요.

▲빨대처럼 생긴 입을 가진 **나비**는 먹이를 빨아 먹어요.

곤충은 어떻게 자랄까요?

1장 · 곤충이란 무엇일까요?

곤충은 두 가지 방법으로 자라나요.
알에서 깨어나 애벌레가 되었다가 번데기를 거쳐
성충(어른벌레)이 되는 곤충들이 있어요.
이렇게 자라는 것을 '완전 탈바꿈'이라 해요.
나비, 무당벌레, 사슴벌레,
장수풍뎅이 등을 꼽을 수 있지요.

❶ 장수풍뎅이 알
장수풍뎅이는
완전 탈바꿈을 해요.

❷ 장수풍뎅이 애벌레

❸ 장수풍뎅이 번데기

❹ 장수풍뎅이의 어른벌레

또, 알에서 애벌레가 되었다가 성충이 되는 것을 '불완전 탈바꿈'이라고 해요. 메뚜기, 사마귀, 잠자리 등을 꼽을 수 있어요. 이렇게 동물이 태어나서 죽을 때까지의 과정을 '한살이'라고 하지요.

❶ **땅속에 있는 풀무치**(메뚜깃과의 곤충)**의 알**
메뚜기는 불완전 탈바꿈을 해요.

❷ **풀무치의 1령 애벌레**

❸ **풀무치의 어른벌레**

2장

우리나라에 사는 곤충들

우리나라에는 많은 곤충들이 살고 있어요.
나비, 나방, 장수풍뎅이, 사슴벌레, 무당벌레,
사마귀, 메뚜기, 개미, 여치, 베짱이…….
우리나라에 살고 있는 곤충은 1만 2천 종이 넘어요.
지금부터는 우리가 알아야 할 대표적인 곤충만
골라서 살펴보기로 해요.

장수풍뎅이

▶머리에 큰 뿔이 달린
장수풍뎅이

힘이 센 코뿔소, 장수풍뎅이
장수풍뎅이는 우리나라에 사는
곤충 가운데 가장 **힘이 센** 곤충이에요.
머리에 큰 **뿔**이 나 있어서 마치
곤충 세계의 코뿔소처럼 보여요.
장수풍뎅이가 사는 곳은 참나무 숲이에요.
무더운 여름, 장수풍뎅이는 낮에는 낙엽 속에서
잠을 자다가, 어두워지면 참나뭇진이
흐르는 곳을 향해 날아가요.
아주 멋진 날개를 펼치고 붕붕 날아가지요.

장수풍뎅이와 사슴벌레는 왜 싸워요?

참나뭇진이 흐르는 곳에서 장수풍뎅이와 사슴벌레가 싸움을 해요. 나뭇진을 더 많이 먹기 위해 싸우는 거예요. 사슴벌레가 장수풍뎅이에게 덤비자, 장수풍뎅이는 커다란 뿔을 휘두르며 사슴벌레를 향해 돌진해요. "감히 나에게 덤비다니!" 장수풍뎅이는 뿔로 사슴벌레를 들어올려 휙 던져 버려요. 사슴벌레와의 싸움에서 언제나 힘이 센 장수풍뎅이가 이기지요.

▼나뭇진을 더 먹으려고 **장수풍뎅이**와 **넓적사슴벌레**가 싸움을 시작했어요.

▼장수풍뎅이가 큰 뿔로 넓적사슴벌레를 넘겨 버려요. 장수풍뎅이의 승리예요.

장수풍뎅이는 어디에 알을 낳을까요?

장수풍뎅이 수컷과 암컷이 만나서 짝짓기를 하고 있어요.
며칠 후, 암컷은 썩은 낙엽더미 속에 알을 낳아요.
갓 낳은 알은 동그랗고 흰색이에요. 시간이 지나면서
알은 점점 커지고 길쭉한 모양으로 바뀌어요.
알의 빛깔도 노르스름하게 변해요.

▲장수풍뎅이가 짝짓기를 하고 있어요.

▼장수풍뎅이 암컷이
썩은 낙엽더미 속에 알을 낳아요.

▲장수풍뎅이가 갓 낳은 알은 동그랗고 흰색이에요.
알은 시간이 지나면 점점 커지고 노르스름한 색으로 변해요.

장수풍뎅이는 어떻게 자라요?

2장 · 우리나라에 사는 곤충들   장수풍뎅이

알을 낳은 지 10일이 지나자, 알에서 하얗고 말랑말랑한 애벌레가 깨어났어요. 애벌레는 알에서 나오자마자 자기의 알껍데기를 먹어요. 알껍데기에는 애벌레에게 필요한 영양분이 듬뿍 들어 있기 때문이에요. 애벌레는 썩은 낙엽을 먹으며 무럭무럭 자라나요. 겨울을 땅속에서 지내는 동안 애벌레는 허물을 두 번 벗고 커다란 애벌레가 되지요.

- 뿔
- 더듬이
- 겹눈
- 소순판
- 앞날개 (딱지날개)
- 뒷날개

❶ 알을 낳은 지 10일이 지나자 알에서 **애벌레**가 깨어났어요.

❷ 알에서 나온 애벌레는 시간이 지나면서 몸 색깔이 변해요.

❸ 애벌레는 허물을 벗으며 자라 커다란 **애벌레**가 되어요.

2장 · 우리나라에 사는 곤충들 장수풍뎅이

따뜻한 봄이 왔어요. 애벌레는 땅속으로 기어 들어가 둥그런 방을 만들고 번데기가 되었어요.
2주일이 지나자, 번데기의 등이 찢어지며 장수풍뎅이가 태어나요. 갓 태어난 장수풍뎅이의 날개는 아직 하얗고 말랑말랑해요. 날개는 시간이 지나면서 딱딱해지고 색깔도 진해져요. 드디어 어른이 된 장수풍뎅이가 태어난 거예요.

❹ **번데기**가 된 지 2주일이 지나면 장수풍뎅이가 태어나요.

❺ 번데기의 등이 찢어지며 **장수풍뎅이**가 태어나고 있어요.

❻ 번데기에서 갓 나온 장수풍뎅이의 날개는 **하얀색**이에요.

❼ 3~4시간이 지나자, 날개 색깔이 짙은 갈색이 되었어요.
드디어 어른 **장수풍뎅이가 탄생**했어요.

2장 · 우리나라에 사는 곤충들 장수풍뎅이

장수풍뎅이의 암수는 어떻게 달라요?

장수풍뎅이는 수컷과 암컷이 다르게 생겼어요.
수컷 장수풍뎅이는 멋진 뿔이 두 개 있어요.
머리 앞쪽에는 큰 뿔이, 머리 위쪽에는 작은 뿔이 있어요.
암컷 장수풍뎅이는 뿔이 없고 크기는 수컷보다 작아요.

◀장수풍뎅이 암컷의 머리에는 뿔이 없어요.

▼장수풍뎅이 수컷의 머리에는 큰 뿔이 달려 있어요.

사슴벌레

숲 속의 무사, 사슴벌레

여름철, 참나무 숲 나뭇진이 흐르는 곳에
아주 멋진 곤충이 있어요.
바로 나뭇진을 맛있게 먹고 있는 **사슴벌레**예요.
온몸이 갑옷을 입은 무사처럼 단단하고,
머리에는 **집게처럼** 생긴 **큰턱**을 달고 있어요.
사슴벌레는 나뭇진을 더 많이 먹기 위해 집게처럼 생긴
큰턱을 휘둘러 다른 곤충과 싸움을 해요.

사슴벌레의 집게같이 생긴 것은 무엇일까요?

흔히 뿔이라고도 해요. 또 집게라고도 하지요.
그러나 그것은 사실 커다란 턱이에요. 턱 안쪽에 뾰족뾰족 튀어나온 것은 사슴벌레의 이빨이에요.
그러나 사슴벌레는 먹이를 먹을 때 이빨을 사용하지 않아요.
사슴벌레는 솔처럼 생긴 혀로 나뭇진만 빨아 먹어요.
사슴벌레의 집게처럼 생긴 큰턱은 싸울 때 무기가 되지요.

▲넓적사슴벌레
머리에 달린 집게는 큰턱이에요.

▲큰턱 안쪽에 뾰족뾰족 튀어나온 것은 **사슴벌레 이빨**이고, 큰턱 사이에 있는 것은 **이마방패**예요.

▶두점박이사슴벌레

사슴벌레 수컷은 어떻게 싸워요?

2장 · 우리나라에 사는 곤충들 | 사슴벌레

사슴벌레 암컷이 나뭇진을 맛있게 먹고 있어요. 암컷을 차지하기 위해 옆에 있던 사슴벌레 수컷끼리 싸움을 해요. 집게처럼 생긴 큰턱을 벌렸다 오므렸다 하면서 싸움을 해요. 으라차차! 힘센 사슴벌레가 큰턱으로 상대편을 집어서 나무 밑으로 던져 버려요. 드디어 싸움에서 이긴 수컷이 암컷을 만나 짝짓기를 해요.

▼넓적사슴벌레의 짝짓기
큰 쪽이 수컷이에요.

▼암컷을 차지하기 위해 싸우는 수컷 사슴벌레들

사슴벌레는 어디에 알을 낳을까요?

여름이 끝나갈 무렵, 짝짓기를 마친 사슴벌레 암컷은 뾰족한 턱으로 썩은 나무를 판 다음, 그곳에 배를 집어 넣고 알을 낳아요. 얼마 후, 알에서 깨어난 애벌레는 썩은 나무를 먹으며 나무 속에 살아요. 애벌레는 허물을 벗으면서 점점 크게 자라나요.

▶ **나무 속에 낳은 사슴벌레 알**
크기는 2~3mm 정도예요.

▲ 나무 속에서 자라고 있는 **사슴벌레 애벌레**

▼넓적사슴벌레 암컷이 썩은 나무 속에 알을 낳고 있어요.

사슴벌레는 어떻게 자라요?

나무 속에서 크게 자란 애벌레는 허물을 벗고 번데기가 되어요. 번데기가 된 지 3주일이 지나면 번데기의 등이 갈라지면서 사슴벌레가 태어나요.
갓 태어난 사슴벌레의 날개는 하얗고 말랑말랑해요. 시간이 지나면서 날개의 색깔이 갈색으로 변하지요. 드디어 어른 사슴벌레가 되었어요.

❶ **왕사슴벌레 번데기**예요.

❷ 번데기의 등이 찢어지며 **왕사슴벌레**가 나오고 있어요.

❸ 갓 태어난 왕사슴벌레는 **앞날개**(딱지날개)가 희고 말랑말랑해요.

❹ 시간이 갈수록 날개가 **갈색**으로 변해요.

❺ 어른 왕사슴벌레가 탄생했어요.

용감무쌍 사슴벌레

● **톱사슴벌레**
여름에 산이나 야산의 참나무 숲에서 볼 수 있어요. 나뭇진이 흐르는 나무를 찾아가야 해요. 톱사슴벌레는 나뭇진을 좋아하거든요. 수컷의 몸길이는 23~46㎜, 큰턱 길이는 6~24㎜예요. 우리나라 어디서나 살아요.

● **사슴벌레**
6~9월에 참나뭇진이 흐르는 곳에서 볼 수 있어요. 사슴벌레는 밤에 활동하는 곤충으로, 불빛에 날아들기도 해요. 수컷의 몸길이는 27~50㎜, 큰턱 길이는 7~22㎜예요. 또 암컷의 몸길이는 25~40㎜예요. 우리나라 어디서나 살아요.

곤 충 백 과

● 두점박이사슴벌레
7~9월에 마을 주변의 활엽수림에서 볼 수 있어요. 다른 사슴벌레와 다르게 몸이 황갈색으로, 제주도에만 사는 귀한 사슴벌레예요. 그래서 환경부에서 법으로 보호하고 있어 채집을 하면 안 돼요. 수컷의 몸길이는 37~38㎜, 큰턱 길이는 17~19㎜예요.

● 다우리아사슴벌레
7~9월에 잡목림에서 볼 수 있어요. 특히 썩은 나무 주변에서 볼 수 있지요. 밤에 불빛에 잘 날아드는 아주 작은 사슴벌레예요. 수컷의 몸길이는 18~25㎜, 큰턱 길이는 3~8㎜, 암컷의 몸길이는 18~23㎜예요. 우리나라 어디서나 살아요.

나비

▶날개에 바둑돌 무늬가 있는
바둑돌부전나비

아름다운 우리 나비

산과 들에 꽃들이 만발하고 예쁜 **나비**들이
팔랑팔랑 날아다녀요.
나비마다 **색깔**도 다르고 **무늬**도 달라요.
날개 무늬가 호랑이 가죽을 닮은 **호랑나비**,
날개 무늬가 바둑돌을 닮은 **바둑돌부전나비**,
날개에 창문이 있는 **유리창나비** 등. 나비의 이름이 정말 재미있지요?

2장 · 우리나라에 사는 곤충들

나비

호랑나비는 어디에 알을 낳을까요?

봄날 꽃이 활짝 피어 있는 들판에 나가 보면 짝짓기를 하는 호랑나비를 볼 수 있어요. 3~5일이 지나면, 암컷 호랑나비는 애벌레의 먹이가 되는 식물의 잎과 줄기에 알을 낳지요.

◀호랑나비가 식물의 잎에 노란 알을 낳았어요.

▼꽃밭에서 만난 호랑나비 암컷과 수컷이 짝짓기를 해요.

2장 · 우리나라에 사는 곤충들

나비

호랑나비 애벌레는 어떻게 자라요?

알에서 호랑나비의 애벌레가 나왔어요. 애벌레는 자신을 감싸고 있던 알껍데기를 갉아 먹어요. 알껍데기에는 애벌레에게 필요한 영양분이 듬뿍 들어 있거든요. 애벌레는 나뭇잎을 먹으며 자라나요. 몸이 자라면 여러 차례 허물을 벗으면서 모양도 달라지고 색깔도 달라져요.

❶

❷

❸

❶ 호랑나비 알에서 **애벌레**가 나오고 있어요.

❷ 알에서 나온 **1령 애벌레**는 알껍데기를 먹어요. 알껍데기에는 영양분이 많아요.

❸ 허물을 두 번 벗고 **3령 애벌레**가 되었어요.

❹허물을 네 번 벗고 **5령 애벌레**가 되었어요.
이제 곧 **번데기**가 될 거예요.

번데기에서 어떻게 호랑나비가 태어나요?

다 자란 애벌레는 몸을 나뭇가지에 감고 번데기가 돼요. 번데기로 변한 지 15일 정도가 지나면 번데기의 등이 갈라지면서 호랑나비가 나오기 시작해요.
잠시 후 아름다운 날개를 가진 호랑나비가 태어났어요.

❺ 번데기가 된 지 15일이 지나면 날개돋이가 시작돼요.

❻ 번데기의 등이 갈라지면서 호랑나비가 나오고 있어요.

❼ 번데기에서 막 나오면 날개가 접혀 있어요.

❽날개가 완전히 펴지고, 드디어 화려한 **호랑나비**가 탄생했어요.

겹눈
더듬이
날개
날개꼬리

나비의 날개는 왜 안 젖어요?

2장 · 우리나라에 사는 곤충들

나비

나비의 날개에는 아주 고운 비늘 모양의 가루가 붙어 있어요. 이 가루가 날개가 빗물에 젖지 않게 해 줘요. 날개에 빗물이 닿으면 또르르 굴러 바닥에 떨어져요. 그래서 나비들은 비가 와도 걱정 없답니다.

▲호랑나비 날개에는 비늘 모양의 가루가 빽빽하게 붙어 있어요.

▲호랑나비 날개에 빗방울이 떨어진 모습

나풀나풀 나비

● **애호랑나비**
4~5월에 계곡이나 숲에서 볼 수 있어요. 날개를 활짝 펴면 길이가 47~55㎜예요. 진달래꽃이나 얼레지꽃에 날아와 꿀을 빨아 먹어요. 날개무늬가 호랑이 가죽을 닮아 애호랑나비라고 불리지요.

● **노랑나비**
4~10월에 햇빛이 잘 드는 풀밭에서 볼 수 있어요. 날개를 활짝 펴면 길이가 47~52㎜예요. 토끼풀이나 엉겅퀴에 날아와 꿀을 빨아 먹어요. 날개가 노란색이라 노랑나비라고 불리지요.

곤 충 백 과

● 모시나비

5월에 산의 계곡이나 숲에서 볼 수 있어요. 날개를 활짝 펴면 길이가 55~65㎜예요. 천천히 날아다니며 엉겅퀴꽃이나 토끼풀꽃에서 꿀을 빨아 먹어요. 날개무늬가 모시옷감을 닮아서 모시나비라고 불리지요.

● 긴꼬리제비나비

4~8월에 나무가 울창한 산의 계곡이나 산길에서 볼 수 있어요. 날개를 활짝 펴면 길이가 100~120㎜나 되는 큰 나비예요. 나리꽃, 엉겅퀴꽃에서 꿀을 빨아 먹어요. 이름처럼 날개에 긴 꼬리가 달렸어요.

● 배추흰나비

4~10월에 배추밭이나 무밭에서 볼 수 있어요. 날개를 활짝 펴면 길이가 45~65㎜예요. 이 나비는 배춧잎에 알을 낳아요. 알에서 태어난 애벌레는 배춧잎을 먹고 살지요. 그래서 농부들이 싫어하는 나비예요.

나방

▶유리산누에나방

나비의 친척, 나방

나방과 **나비**는 서로 친척이라 비슷하게 생겼어요.
하지만 살아가는 모습은 서로 달라요.
나비는 예쁜 날개를 팔랑이며 **낮**에 돌아다녀요. 하지만
나방은 대부분 **밤**에 돌아다녀서 우리 눈에 잘 띄지 않지요.
그리고 나방은 밤에 **등불**에 모이는 것을 아주 좋아해요.

2장 · 우리나라에 사는 곤충들 | 나방

나비와 나방은 어떻게 다를까요?

나비는 날개를 접고 앉아요.
그러나 나방은 날개를 펴고 앉지요.
또 나비의 더듬이 끝은 곤봉 모양이에요.
그러나 나방의 더듬이는 빗살 모양, 톱니 모양 등
여러 가지랍니다.

◀나방의 빗살 모양 더듬이

나비의 곤봉 모양 더듬이▶

◀꿀을 빠는 **남방노랑나비**
나비는 날개를 접고 앉아요.

◀**애기나방**
나방은 날개를 펴고 앉아요.

팔랑팔랑 나방

● **노랑쐐기나방**
6~8월에 야산의 풀숲에서
볼 수 있어요. 날개를 편 길이가
28~35㎜예요.
애벌레의 몸에는 작은 가시들이
돋아 있고 가시에는 독이 있어서
만지면 안 돼요.

● **대나방**
5~6월과 9~10월에 시골
마을 주변에서
볼 수 있어요.
날개를 편 길이가
40~50㎜예요. 애벌레는
억새잎과 대나무잎을
먹고 살아요.

곤충백과

● **흰무늬왕불나방**
6~8월에 시골 마을 주변에서 볼 수 있어요. 날개를 편 길이가 80~90㎜예요. 주로 낮에 활동하는 나방이에요.

● **벚나무모시나방**
9~10월에 시골 마을 주변에서 볼 수 있어요. 날개를 편 길이가 55~60㎜예요. 애벌레는 벚나무, 매화나무, 살구나무, 자두나무 잎을 먹고 살아요.

무당벌레

알록달록 화려한 등판무늬, 무당벌레

알록달록 예쁜 **무당벌레**.
빨간색, 주황색, 노란색, 검은색 날개에
예쁜 점이 찍혀 있어요.
무당벌레의 **날개 무늬**는 가지가지예요.
무당벌레의 날개 색과 무늬가
무당들이 입고 있는 옷처럼 **화려해서**
무당벌레라는 이름이 붙었어요.
몸길이가 1cm도 안 되는
아주 작고 예쁜 곤충이에요.

▼주황색 날개에 검은 점이 있는 무당벌레

무당벌레는 무엇을 먹어요?

2장 · 우리나라에 사는 곤충들

무당벌레

무당벌레는 진딧물을 먹고 살아요. 진딧물은 채소의 싹이나 줄기에 다닥다닥 붙어서 양분을 빨아 먹고 사는 해로운 곤충이에요. 이런 진딧물을 모두 잡아먹는 무당벌레는 고마운 곤충이에요. 무당벌레는 진딧물을 찾으면 날카로운 턱으로 씹어먹어요.

▶칠성무당벌레가 진딧물을 잡아먹으러 가고 있어요.

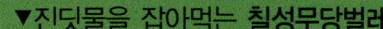
▼진딧물을 잡아먹는 **칠성무당벌레**

무당벌레는 어떻게 자랄까요?

무당벌레가 짝짓기를 하고 있어요. 짝짓기를 하고 일주일이 지나면 무당벌레 암컷은 식물의 잎에 보석처럼 예쁜 알을 낳아요. 길이가 2㎜ 정도 크기의 알을 잎에 하나하나 붙여 가며 낳아요. 보통 30~40개 정도의 알을 한곳에 뭉쳐서 낳는답니다.

▲무당벌레의 짝짓기
몸집이 큰 것이 암컷이에요.

▼무당벌레의 알낳기
한 번에 30~40개의 알을 낳아요.

2장 · 우리나라에 사는 곤충들

무당벌레

❶ 남생이무당벌레의 번데기예요.

무당벌레 알에서 깨어난 애벌레는 무럭무럭 자라서 번데기가 되어요. 번데기가 된 지 5일이 지나자 번데기의 등이 갈라지면서 무당벌레가 태어나요. 갓 태어난 무당벌레는 몸도 말랑말랑하고 날개도 촉촉이 젖어 있어요.

❷ 남생이무당벌레가 번데기에서 나오고 있어요.

시간이 지나면서 몸이 단단해지고 무늬도 선명해져요.

❸ 갓 나온 남생이무당벌레가 날개를 말리고 있어요.

❹ 몸이 단단해지며 등에 무늬도 선명해져요. 드디어 **어른 남생이무당벌레가** 탄생했어요.

아기자기 무당벌레

● **남생이무당벌레**
봄~가을에 들판이나 야산에서 볼 수 있어요. 몸길이가 8~13㎜로 우리나라에서 가장 큰 무당벌레예요. 남생이무당벌레의 날개 무늬는 거북 등의 무늬를 닮았어요. 어른벌레와 애벌레 모두 버드나무에 사는 버들잎벌레의 애벌레를 잡아먹고 살아요.

● **칠성무당벌레**
봄~가을에 진딧물이 있는 들판이나 야산에서 볼 수 있어요. 주홍색 날개에 7개의 검은색 점이 있어서 칠성무당벌레라고 불려요. 몸길이는 5~8.5㎜예요. 어른벌레와 애벌레 모두 진딧물을 잡아먹고 살아요. 우리나라에서 가장 많은 무당벌레랍니다.

곤충백과

● 열석점긴다리무당벌레
봄, 여름에 갈대가 자라는 강변에서 볼 수 있어요. 몸길이는 5~6㎜예요. 주홍색 날개에 13개의 검은색 점이 있어서 열석점긴다리무당벌레라고 불려요. 무당벌레와 애벌레 모두 진딧물을 잡아먹고 살아요.

● 달무리무당벌레
4~6월에 강가나 산기슭의 풀밭에서 볼 수 있어요. 몸길이는 7~9㎜예요. 애벌레는 봄에 소나무에서 왕진딧물을 잡아먹고 살아요.

사마귀

풀숲의 무법자, 사마귀

사마귀의 낫처럼 생긴 앞다리를 보세요.
삐죽삐죽한 톱니가시들이 잔뜩 박혀 있어요.
어떤 곤충이라도 사마귀의 앞다리에 잡히면 절대 도망가지 못해요.
사마귀는 사냥을 하기 위해 풀잎 뒤에 꼼짝 않고 숨어 있다가 곤충이
나타나면 앞다리로 낚아채어 으적으적 씹어먹어요.
잠자리는 물론 매미, 나비, 메뚜기, 침을 가진 벌까지도 잡아먹어요.
사마귀는 풀숲의 무법자랍니다.

▼등에를 잡아먹는
왕사마귀

2장 · 우리나라에 사는 곤충들 | 사마귀

사마귀 애벌레는 어떻게 생겼어요?

따듯한 5월, 사마귀 알집에서 애벌레가 꼼지락거리며 빠져나와요. 애벌레 눈이 까만 게 마치 송사리처럼 생겼어요. 먼저 한 마리가 빠져나오는가 싶더니, 곧이어 여기저기서 삐죽삐죽 머리를 내밀고 빠져나와요. 어느새 알집에서는 수없이 많은 애벌레가 나와요. 갓 태어난 애벌레는 날개가 없고 몸 빛깔이 다를 뿐 어른 사마귀와 꼭 닮았어요.

❶ 복숭아나무 줄기에 **사마귀 알집**이 달려 있어요.

❷ 사마귀 알집에서 송사리처럼 생긴 **왕사마귀 애벌레**가 나오고 있어요.

❸ 갓 태어난 **사마귀** 애벌레예요. 날개만 없을 뿐 어른벌레와 닮았어요.

사마귀 애벌레는 허물을 몇 번 벗나요?

2장 · 우리나라에 사는 곤충들

사마귀

5월 말 이른 아침, 풀줄기에 거꾸로 매달려 있는 사마귀 애벌레를 발견했어요. 한참 동안 움직이지 않던 애벌레가 가슴에 힘을 주는가 싶더니, 등이 갈라지며 허물을 벗기 시작해요. 먼저 머리와 앞다리가 나오고, 가슴과 가운뎃다리가 차례로 나와요. 허물을 벗고 난 애벌레는 전보다 몸이 훌쩍 커졌어요. 사마귀 애벌레는 허물을 7번이나 벗으면서 자라나요.

▶사마귀 애벌레가 허물을 벗고 있어요.

▼여러 번 허물을 벗고 훌쩍 커진 **사마귀** 애벌레는 몸 빛깔도 녹색으로 변했어요.

사마귀 눈은 왜 밤에 까맣게 변해요?

2장 · 우리나라에 사는 곤충들

사마귀

사마귀는 눈 빛깔이 낮과 밤에 따라 달라져요.
낮에는 초록빛을 띠다가 밤이 되면 까맣게 변해요.
눈이 까맣게 되면 어두운 밤에도 잘 보여요.
그래서 사마귀는 깜깜한 밤에도 풀숲을 돌아다니며
먹이 사냥을 해요.

▶**사마귀**는 밤에도
먹이 사냥을 잘 해요.
사마귀가 **섬서구메뚜기**를
잡아먹고 있어요.

▲낮에는 **초록색**이에요.

▲밤이 되면 눈이 **까맣게** 변해요.

사마귀 알집은 어떻게 생겼어요?

9월은 사마귀의 짝짓기철이에요. 풀숲에서 사마귀 암컷과 수컷이 짝짓기를 하려고 해요. 수컷은 암컷의 눈치를 살피다가 슬금슬금 뒤로 가더니 펄쩍 뛰어 암컷의 등에 올라타요. 그리고 짝짓기를 끝낸 사마귀 암컷은 바위 밑이나 나뭇가지에 거품 덩어리처럼 생긴 알집을 만들어요. 알집 속에는 작은 알들이 빽빽하게 들어 있어요.

▲**사마귀의 짝짓기** – 위쪽이 수컷이에요.

▲사마귀의 알낳기
나무줄기에 알을 낳고 있어요.

우리나라에 사는 사마귀

● **왕사마귀**
여름, 가을에 산의 등산로 주변 풀밭에서 쉽게 볼 수 있어요. 몸길이가 70~90㎜로 우리나라에 사는 사마귀 중 가장 커요. 날아다니기도 하고 기어 다니기도 하면서 풀밭에 사는 다른 곤충들을 잡아먹고 살아요. 우리나라 어느 지역에나 사는 사마귀예요.

● **사마귀**
여름, 가을에 산이나 들판의 풀밭에서 볼 수 있어요. 몸길이가 60~85㎜로 왕사마귀와 비슷하게 생겼지만, 몸이 왕사마귀보다 가늘어요. 몸 빛깔이 녹색인 사마귀도 있고, 갈색인 사마귀도 있어요. 풀밭에 사는 곤충들을 잡아먹고 살지요.

곤 충 백 과

● 좀사마귀
8~10월에 풀밭의 풀이나 작은 나무에서 볼 수 있어요. 몸길이가 45~65mm로 작은 사마귀예요. 몸 빛깔이 갈색이라 나뭇가지처럼 위장을 하고 있다가 지나가는 곤충을 잡아먹고 살아요. 우리나라 모든 지역에서 살고 있어요.

● 항라사마귀
8~10월에 산기슭 풀밭에서 볼 수 있어요. 몸길이는 50~65mm이며 암컷은 돌 밑이나 나뭇가지에 알을 낳아요. 어른벌레는 작은 곤충을 잡아먹고 산답니다.

메뚜기

뜀뛰기 선수, 메뚜기

풀숲이나 논둑에 가면 폴짝폴짝 뛰어다니는 **메뚜기들을** 볼 수 있어요.
또 풀잎을 사각사각 갉아 먹는 메뚜기도 볼 수 있어요.
메뚜기 곁으로 살금살금 다가가면 어느 새 알아챘는지
펄쩍 뛰어올라 멀리 날아가 버려요.
메뚜기는 풀숲의 **뜀뛰기 선수**예요.
크고 튼튼한 뒷다리로 땅을 박차고 높이 뛰어올라요.

▼풀잎을 먹고 있는 벼메뚜기 애벌레

메뚜기는 어떻게 자랄까요?

봄이 오면 겨울 동안 땅속에 있던 메뚜기 알에서 애벌레가 태어나요. 갓 태어난 애벌레는 조금씩 흙을 헤치면서 땅 위로 올라와요.
어두운 땅속에서 햇빛이 가득한 세상으로 나온 거예요.
애벌레는 허물을 벗을 때마다 무럭무럭 자라나요.
허물을 6~7번 벗으면 어른벌레가 돼요.

❶ **풀무치 애벌레**가 땅속에 있던 알에서 깨어나 땅 위로 나오고 있어요.

❷ 갓 태어난 **풀무치 애벌레**예요.

❸ 메뚜기 애벌레는 허물을 벗으며 자라나요. 허물을 벗고 있는 **섬서구메뚜기**예요.

메뚜기는 가을에 왜 계속 울어요?

2장 · 우리나라에 사는 곤충들 메뚜기

가을이 되면 수컷 메뚜기는 뒷다리를 흔들며 "찌리릭 찌리릭" 하고 열심히 울어요. 수컷 메뚜기가 짝짓기를 하기 위해 암컷 메뚜기를 부르는 소리예요. 어느새 소리를 듣고 암컷 메뚜기가 날아왔어요. 수컷 메뚜기는 암컷 메뚜기 등에 올라가 짝짓기를 해요. 짝짓기 모습을 보면, 수컷 메뚜기의 몸이 암컷 메뚜기보다 훨씬 작아서 엄마 등에 업힌 아기 모습 같아요.

▼누렇게 익은 벼이삭 위에서 **벼메뚜기**가 짝짓기를 하고 있어요.

▲**풀무치** 한 쌍이 바위 위에서 짝짓기를 하고 있어요. 짝짓기를 마치면 암컷 메뚜기는 땅속에 알을 낳아요.

2장 · 우리나라에 사는 곤충들

메뚜기

메뚜기는 어디에 알을 낳을까요?

짝짓기를 마친 암컷 메뚜기는 풀이 많이 난 곳에 알을
낳아요. 풀이 많이 난 곳에 알을 낳아야 다음 해 봄에
알에서 태어날 애벌레가 풀을 먹고 살아갈 수 있어요.
"이제부터 땅속에 소중한 알을 낳을 거야."
암컷 메뚜기는 뾰족한 배로 땅에 구멍을 파고
그 속에 알을 낳아요.

▼벼메뚜기가 땅속에 알을 낳고 있어요.
하얀 거품 속에 노란 알들이 들어 있어요.

▶ **풀무치 얼굴**

- 겹눈
- 이마방패
- 윗입술
- 아랫입술수염
- 더듬이
- 홑눈
- 이마
- 큰턱
- 작은턱

▼ **콩중이가 알을 낳으려고 뾰족한 배로 땅에 구멍을 파고 있어요.**

2장 · 우리나라에 사는 곤충들
메뚜기

메뚜기는 어떻게 몸을 피해요?

메뚜기가 거미에게 잡아먹히고 있어요. 풀밭을 뛰어다니다가 거미줄에 걸렸거든요. 풀숲의 무법자 사마귀도 날카로운 앞다리를 들고 먹이를 잡으러 다녀요. 또 다른 메뚜기가 잡아먹힐 것 같다고요? 걱정하지 마세요. 풀밭에 사는 메뚜기는 몸 빛깔이 풀색이라 사마귀가 찾기 힘들어요. 사마귀나 새에게 잡아먹히지 않으려면, 메뚜기는 숨바꼭질을 잘해야 해요.

▲폴짝폴짝 뛰어다니던 **벼메뚜기**가 거미줄에 걸렸어요. 호랑거미가 메뚜기를 잡아먹으려 해요.

▲잡아먹히지 않으려면 꼭꼭 숨어야 해요. **방아깨비**를 찾아보세요. 몸 빛깔이 풀색이라 찾기 힘들어요.

▼두꺼비메뚜기의 몸 빛깔은 흙색이라 땅에 앉으면 찾을 수가 없어요.

귀뚜라미는 메뚜기와 어떻게 다를까요?

아름다운 소리로 우는 여치, 귀뚜라미, 베짱이는 메뚜기의 친척이에요. 메뚜기와 비슷하게 생겼지만 서로 달라요. 메뚜기는 낮에 활동하지만 여치, 귀뚜라미, 베짱이는 밤에 활동해요. 또 메뚜기는 풀잎을 먹고 살지만 여치, 귀뚜라미, 베짱이는 풀잎과 곤충을 모두 먹고 살아요.

▲여름철, 풀숲에서 아름다운 소리로 우는 **여치**예요.

▼가을밤, 밭이나 들판에서 '코로코로리리리' 하고 우는 **왕귀뚜라미**예요.

▼7~10월에 풀밭에서 볼 수 있는 검은다리실베짱이예요.

폴짝폴짝 메뚜기

● **풀무치**
8~10월에 강가의 풀밭에서 볼 수 있어요. 몸길이가 48~65㎜로 아주 커다란 메뚜기예요. 뒷다리가 길고 튼튼해서 뜀뛰기를 잘해요. 풀잎을 먹고 살며 사진처럼 갈색형이 있고, 녹색형의 풀무치도 있어요.

● **팔공산밑드리메뚜기**
6~9월에 숲 속의 풀밭에서 볼 수 있어요. 몸길이 25~35㎜로 연두색의 아주 예쁜 메뚜기예요. 다른 메뚜기와 다르게 날개가 없어서 날지 못해요. 연한 풀잎이나 나뭇잎을 먹고 살아요.

곤 충 백 과

● 삽사리
6～8월에 햇빛이 잘드는 풀밭에서 볼 수 있어요. 몸길이 20～30㎜로 작은 메뚜기예요. 초여름 수풀사이에서 "싸르륵 싸르륵" 하고 소리 내어 울어요. 풀잎을 먹고 살며, 삽사리 수컷은 앞날개와 뒷다리를 비벼서 소리를 내요.

● 벼메뚜기
가을에 논이나 들판의 풀밭에서 볼 수 있어요. 몸길이 20～30㎜로 우리에게 아주 친근한 메뚜기예요. 누렇게 익어가는 벼 이삭 사이를 뛰어다니며 벼 잎을 갉아 먹고 살아요.

잠자리

하늘을 나는 비행사, 잠자리

잠자리는 큰 날개로 매우 **빠르게** 날아다녀요.
나비보다도 꿀벌보다도 빠르고 멋지게 날아다니지요.
잠자리는 **헬리콥터**처럼 가만히 제자리에서 날기도 하고,
행글라이더처럼 날개를 움직이지 않고 미끄러지듯 날기도 해요.
잠자리는 하늘을 나는 멋진 **비행사**예요.

▶고추좀잠자리

잠자리는 무엇을 먹어요?

잠자리는 아주 좋은 눈을 가지고 있어서 멀리 있는 것도 잘 봐요. 그래서 공중을 날면서도 먹잇감을 잘 찾아내요. "앗, 저기 모기가 있네!" 잠자리는 쏜살같이 날아가 모기를 잡아서 후딱 먹어 버려요. 잠자리는 하늘을 날아다니며 파리, 하루살이, 나비 같은 작은 곤충을 잡아먹고 살아요.

▼날개띠좀잠자리의 얼굴
잠자리는 눈이 좋아서 멀리 있는 것도 잘 봐요.

▲멸구를 잡아먹는 시골실잠자리
잠자리는 작은 곤충을 잡아먹어요.

▲밀잠자리를 잡아먹는
　먹줄왕잠자리
잠자리는 자기보다 작은
잠자리를 잡아먹어요.

잠자리는 어디에 알을 낳을까요?

여름과 가을에 연못이나 개울에 가면, 잠자리가 짝짓기 하는 모습과 알을 낳는 모습을 볼 수 있어요. 암컷 잠자리는 물속에 있는 물풀에 알을 낳아요. 얼마 후, 잠자리 알에서 깨어난 애벌레는 물속에서 작은 물고기를 잡아먹으며 자라나요.

▼물고기를 잡아먹는 **왕잠자리 애벌레**
　잠자리의 애벌레는 작은 물고기를 잡아먹으며 물속에서 살아요.

▼두점박이좀잠자리가 짝짓기를 해요.
배가 빨간 쪽이 수컷이에요.

▼**왕잠자리**는 날개가 커서
다른 잠자리보다 빨리 날아요.

겹눈

홑눈

잠자리는 어떻게 자라요?

5월, 조용한 새벽에 물속에 살던 잠자리 애벌레가 물 밖으로 기어 나와요. 잠자리가 되기 위해 나온 거예요. 애벌레는 식물의 줄기로 기어 올라가, 줄기를 꽉 잡고 허물벗기를 시작해요. 애벌레의 등이 찢어지며 잠자리가 나오지요. 머리가 나오고, 다리가 나오고, 드디어 몸통이 모두 나와요. 접혀 있던 날개도 펴져요. 드디어 멋진 날개를 가진 잠자리가 태어났어요.

2장 · 우리나라에 사는 곤충들 잠자리

❶ 잠자리가 되기 위해 물 밖으로 나온 **고추잠자리 애벌레**가 물풀에 매달려 있어요.

❷ 애벌레의 등이 찢어지며 고추잠자리의 **머리**가 빠져나와요.

❸ 다리와 날개가 빠져나와요.
 이때 잠자리는 잠시 쉬어요.

❹ 고추잠자리가 몸을 일으키며 배를 빼내요.

❺ 이제 몸이 모두 빠져나왔어요.

❻ 접혀 있던 날개가 펴지기 시작해요.

❼ 허물을 벗고 고추잠자리가 되었어요.

❽ 가을이 되면 몸이 빨간 고추잠자리가 돼요.

자리자리 잠자리

● **장수잠자리**
7~9월에 야산이나 산기슭의 물가에서 볼 수 있어요. 배 길이 65~85㎜, 뒷날개 길이 53~65㎜로 우리나라에 살고 있는 잠자리 중에서 가장 큰 잠자리예요. 애벌레는 물속에서 3년 동안 살아야 잠자리가 될 수 있어요.

● **꼬마잠자리**
6~8월에 농사를 짓지 않고 쉬는 논에서 볼 수 있어요. 배 길이 11~13㎜, 뒷날개 길이 13~15㎜로 우리나라에 살고 있는 잠자리 중에서 가장 작은 잠자리예요. 점점 사라져 가서 법으로 보호하고 있어요. 꼬마잠자리 수컷은 고추잠자리처럼 온몸이 빨간색이에요.

곤충백과

● 나비잠자리

6~9월에 연못이나 강가에서 볼 수 있어요. 배 길이는 21~24㎜, 뒷날개 길이는 34~38㎜예요. 날개가 나비의 날개처럼 아주 예쁘고, 날아 다니는 모습이 나비 같아서 나비잠자리라는 이름이 붙여졌어요.

● 노란실잠자리

5~9월에 연못이나 저수지에서 볼 수 있어요. 배 길이는 30㎜, 뒷날개 길이는 20㎜이며, 몸 빛깔이 예쁜 잠자리예요. 몸이 실처럼 가늘고 배 부분이 노란색이라 노란실잠자리라고 불려요.

벌·개미

자연의 건축가, 벌
숲 속에는 여러 종류의 벌이 살아요.
벌마다 생활과 집 모양이 다르지요.
많은 식구들이 모여서 사는 꿀벌은
방이 많은 집을, 말벌은 축구공처럼
둥근 집을 짓고 살아요.

말벌의 친척, 개미
개미는 벌목과의 곤충으로
생김새가 말벌과 비슷하지요.
햇빛이 잘 비치는 풀밭이나 나무의
썩은 부분과 돌 밑에서도
개미를 볼 수 있어요.

꿀벌의 집은 어떤 모양일까요?

꿀벌의 집은 수많은 육각형 모양의 방들로 되어 있어요.
이곳에서 여왕벌, 수벌, 일벌들이 함께 모여 살아요.
벌들은 각자 하는 일이 달라요. 여왕벌은 알 낳는 일을 하고
수벌은 여왕벌과 짝짓기하는 일을 해요.
또 일벌은 애벌레 돌보기, 먹이 구해 오기,
집 안 청소하기 등의 일을 한답니다.

▶ **일벌**이 민들레 꽃에 날아와서 꿀과 꽃가루를 가져가요.

▼ **꿀벌**의 집에는 방도 많고 식구도 많아요.

2장 · 우리나라에 사는 곤충들

벌 · 개미

▼먹이를 구하러 온 일벌이 게거미에게 잡혔어요.

바위 밑에 사는 벌이 있어요?

봄이 오면 쌍살벌의 어미 벌은 바위 밑이나 나뭇가지에 집을 짓고 알을 낳아요. 일주일이 지나면 알에서 애벌레가 깨어나지요. 이때부터 어미 벌의 애벌레 사랑이 시작돼요. 비가 오면 집에 빗물이 스며들어 애벌레가 젖게 될까 봐, 어미 벌은 집에 묻어 있는 빗물을 입으로 모아서 밖으로 뱉어 내요. 또, 여름이 되어 날씨가 더워지면 날개로 열심히 부채질을 해서 애벌레들을 시원하게 해 주지요.

▲쌍살벌 집의 방 안에는 애벌레가 살고 있어요.

▲비가 오면, 쌍살벌의 어미 벌은 빗물을 빨아 밖으로 뱉어 내요.

▲부채질을 하는 뱀허물쌍살벌
날씨가 더워지면, 애벌레에게 날개로 부채질을 해 줘요.

점호리병벌은 어떤 집을 지을까요?

점호리병벌은 진흙을 뭉쳐서 병 모양의 예쁜 흙집을 지어요. 냇가에서 입에 물고 온 흙덩이를 풀 줄기에 붙여 가며 집을 짓지요. 머리에 난 더듬이로 집의 크기와 깊이를 재 가며 정성 들여 집을 지어요. 이틀 동안에 멋진 흙집을 완성했어요. 점호리병벌은 뛰어난 자연의 건축가예요.

▼집을 짓기 위해 진흙을 가져가는 **호리병벌**

▲풀 줄기에 예쁜 흙집을 짓고 있는 **점호리병벌**

2장 · 우리나라에 사는 곤충들 — 벌 · 개미

▼완성된 점호리병벌의 집
예쁜 병처럼 생겼어요.

개미와 말벌이 친척이에요?

개미는 벌목과의 곤충으로 벌과 친척이에요. 개미의 얼굴을 보면, 벌 중에서 가장 크고 무서운 말벌과 비슷한 것을 알 수 있어요. 우리나라에는 많은 종류의 개미가 살고 있어요. 우리가 쉽게 볼 수 있는 개미는 일본왕개미, 곰개미, 고동털개미예요. 일본왕개미와 곰개미는 햇빛이 잘 비치는 풀밭에서 볼 수 있고, 고동털개미는 나무의 썩은 부분이나 돌 밑에서 볼 수 있어요.

▲개미 얼굴

▲쌍살벌 얼굴

◀우리나라에 사는 개미 중에서 제일 큰 **일본왕개미**예요.

▼곰개미가 죽은 메뚜기를 끌고 가요.
먹이를 구해 가는 거예요.

2장 · 우리나라에 사는 곤충들

벌·개미

개미는 여왕개미, 수개미, 일개미가 함께 모여 살아요. 여왕개미는 알 낳는 일을 해요. 수개미는 일을 하진 않고 살다가 여왕개미와 짝짓기를 한 후 죽어요. 일개미는 집짓기, 먹이 구하기, 애벌레 돌보기, 적과 싸우기 등 아주 많은 일을 한답니다.

▼일본왕개미는 땅속에 집을 짓고 살아요.

▶날개가 달린 **여왕개미**예요.
여왕개미는 알 낳는 일을 해요.

◀일본왕개미의 일개미가
애벌레를 돌보고 있어요.

위잉위잉 벌

● **장수말벌**
4~10월에 산이나 참나뭇진이 흐르는 곳에서 볼 수 있어요. 몸길이가 27~44㎜로 우리나라 벌 중에 가장 큰 벌이에요. 무서운 독침을 가지고 있어서 쏘이게 되면 아주 위험해요.

● **나나니벌**
5~10월에 들판이나 산길에서 날아다니는 모습을 볼 수 있어요. 몸길이가 18~25㎜로 몸이 매우 가는 벌이에요. 땅에 구멍을 파서 집을 짓고, 그곳에 알을 낳지요. 알에서 깨어난 애벌레는 배추흰나비 애벌레를 먹고 자란답니다.

곤충백과

● 호박벌
5~10월에 들판이나 산에 핀 꽃에서 꿀을 빠는 모습을 볼 수 있어요. 몸길이는 15~23mm이며 몸에 털이 많이 나 있는 벌이에요. 땅속에 방을 만들고, 그 속에 알을 낳지요.

● 장미가위벌
7~9월에 야산이나 마을 주변에서 볼 수 있어요. 몸길이가 12~13mm의 작은 벌이에요. 나뭇잎을 잘라 와서 바위 틈이나 나무 구멍 속에 예쁜 집을 지어요.

매미

숲 속의 합창단, 매미

여름이 오면, 숲 속은 곤충들의 울음소리로 시끄러워요.
그중에서 가장 크게 우는 것이 바로 **매미**예요. "맴맴……."
"니이니이……." "지글지글……." 매미 종류마다 울음소리가 달라요.
그런데 꼭 합창대회라도 열린 듯 저마다 열심히 울지요.
매미는 숲 속의 합창단이에요.

◀ 털매미

매미는 어떻게 자랄까요?

매미 애벌레는 땅속에서 보통 3~5년 동안 살아야 어른 매미가 될 수 있어요. 다 자란 매미 애벌레가 어른 매미가 되기 위해 땅 밖으로 기어 나와요. 애벌레는 땅 위로 나와 풀잎이나 나무로 기어 올라가 자리를 잡고 허물을 벗어요. 애벌레의 등이 갈라지며 매미가 태어나요. 허물벗기가 끝나고 멋진 날개를 가진 매미가 태어났어요.

❶ **유지매미 애벌레**가 어른 매미가 되기 위해 허물을 벗으려 해요.

❷ 애벌레의 등이 찢어지며 **유지매미**가 나오고 있어요.

❸ **머리, 날개, 다리**가 빠져나왔어요.

❹ 유지매미는 몸을 일으켜서 **배부분**을 빼내요.

2장 · 우리나라에 사는 곤충들

매미

❺ 이제 몸이 완전히 빠져나왔어요.

❻ 쪼글쪼글하던 날개를 활짝 폈어요.
날개돋이가 끝나기까지 1시간 정도 걸려요.

❼ 시간이 지나면서 매미의
몸 색깔이 진해져요.

❽ 4~8시간이 지나면,
완전한 **유지매미**가 돼요.

매미는 무엇을 먹어요?

2장 · 우리나라에 사는 곤충들

매미

매미가 나무에 꼼짝 않고 앉아 있어요. 울지도 않아요. 무엇을 하고 있는 걸까요? 자세히 보니, 침처럼 뾰족하게 생긴 입을 나무에 꽂고 나무 수액을 빨아 먹고 있어요. 매미는 나무 수액을 먹고 산답니다. 나무 수액에는 매미에게 필요한 영양분이 많이 들어 있거든요.

▲나무 수액을 빠는 **참매미**

▶참매미가 나무에
 침처럼 생긴 입을 꽂고
 나무 수액을
 빨아 먹고 있어요.

2장 · 우리나라에 사는 곤충들

매미

우는 매미는 암컷일까요, 수컷일까요?

대부분의 곤충처럼 매미도 수컷만 울어요. "나, 여기 있어 빨리 와." 수컷 매미는 열심히 울며 암컷 매미를 불러요. 암컷 매미를 만나야 짝짓기를 할 수 있거든요.
그래서 수컷 매미의 배에는 울음소리를 내는 발음기가 달려 있어요. 발음기가 없는 암컷 매미는 울지 않아 '벙어리매미' 라고도 해요.

▲ '쓰름쓰름……' 우는 **쓰름매미**예요.
매미는 수컷만 울어요.
이 울음소리로 암컷을 부르거나
자기영역을 표시하지요.

발음기

▲**수컷 매미의 배**에는 소리를 내는 **발음기**가 달려 있어요.

▼ **암컷 매미**의 배에는 알을 낳는 뾰족한 **산란관**이 달려 있어요.

산란관

2장 · 우리나라에 사는 곤충들

매미

매미는 어디에 알을 낳을까요?

암컷 매미와 수컷 매미가 짝짓기를 해요. 짝짓기가 끝나면 암컷 매미는 꽁무니에 있는 뾰족한 산란관을 나무에 꽂고 알을 낳아요. 알은 희고 길쭉길쭉하게 생겼지요. 알에서 깨어난 애벌레는 땅속으로 들어가 나무 뿌리의 수액을 빨아 먹으며 살아요. 아주 오랫동안 땅속에서 살아요.

▲ **암컷 매미**는 나뭇가지에 뾰족한 산란관을 꽂고 알을 낳아요.

▼나무 속에 낳은 매미의 알

매앰매앰 매미

● **말매미**

7~9월에 들판에 있는 나무에서 볼 수 있어요. 특히 버드나무가 있는 곳에서 볼 수 있어요. 몸길이가 40~48㎜, 날개까지의 길이가 60~70㎜로 우리나라에 사는 매미 가운데 가장 큰 매미예요. '차—르르르.' 하고 시끄럽게 운답니다.

● **애매미**

8~10월에 들판이나 산에서 쉽게 볼 수 있어요. 몸길이가 26~33㎜, 날개까지의 길이가 43~48㎜이며, 우리나라 매미 가운데 가장 쉽게 볼 수 있는 매미예요. '줄줄줄 주을 주을.' 하고 울어요.

곤 충 백 과

● **참매미**
7~9월에 들판, 산, 도시 공원에서 볼 수 있어요. 몸길이가 31~36㎜, 날개까지의 길이가 55~65㎜로 우리나라의 대표적 매미예요. 새벽이나 흐린 날씨에도 계속 '맴맴…….' 하고 울어 대요.

● **고려풀매미**
5~8월에 풀숲에서 볼 수 있어요 몸길이 17㎜, 날개까지의 길이가 23㎜로 우리나라에서 가장 작은 매미에 속해요. 풀잎에 침처럼 뾰족한 입을 꽂고 풀의 즙을 빨아 먹어요. '칫칫…… 칫.' 하고 아주 작게 운답니다.

반딧불이

빛의 마법사, 반딧불이
여름 밤하늘에 **반딧불이**가 날아다니며
반짝반짝 빛을 내고 있어요.
반딧불이가 내는 불빛을 '반딧불'이라고 하는데
손으로 만져도 뜨겁지 않아요.
옛날에는 가난한 선비들이 반딧불을 모아 책을 읽기도 했어요.
개똥벌레라고도 불리는 반딧불이는 참 신기한 곤충이에요.

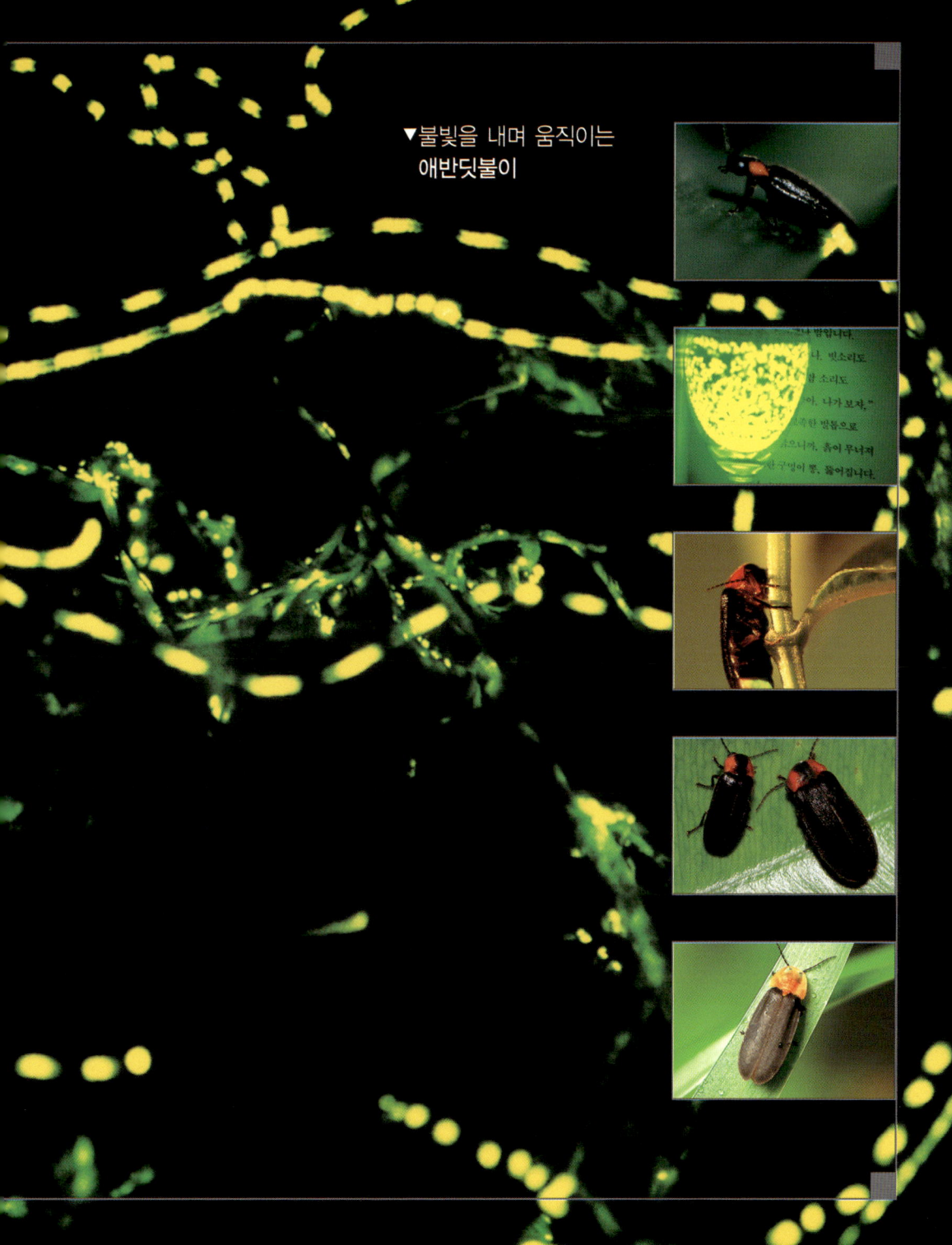

▼불빛을 내며 움직이는 애반딧불이

반딧불이는 왜 불빛을 낼까요?

2장 · 우리나라에 사는 곤충들 반딧불이

반짝반짝, 반딧불이 수컷이 불빛을 내어 암컷을 찾고 있어요. 반딧불이가 내는 불빛은 짝을 찾기 위한 신호예요. 수컷의 불빛을 발견한 암컷은 불빛을 내어 신호를 보내요. 암컷의 신호는 "나, 여기 있어요. 빨리 이리로 와요." 하고 수컷을 부르는 거예요.
암컷의 불빛을 보고 날아다니던 수컷이 내려와 드디어 만났어요.

▲**애반딧불이**가 꽁무니에서 빛을 내고 있어요.

▼애반딧불이의 짝짓기
꽁무니를 맞대고
짝짓기하고 있어요.

반딧불이 애벌레는 무엇을 먹어요?

애반딧불이 애벌레는 물속에서 물달팽이와 다슬기를 잡아먹고 살아요. 낮에는 물속에 있는 돌 밑에서 쉬다가 밤이 되면 먹이를 찾아 돌아다녀요. 땅 위에 사는 늦반딧불이 애벌레와 운문산반딧불이 애벌레는 풀숲에서 달팽이를 잡아먹고 살아요.

▼달팽이를 공격하는
늦반딧불이 애벌레

▲물속에서 다슬기를 잡아먹는
애반딧불이 애벌레

▲달팽이를 잡아먹는
늦반딧불이 애벌레

반짝반짝 반딧불이

● **애반딧불이**
6~7월에 산기슭에 있는 논에서 볼 수 있어요. 몸길이는 7~10㎜로 우리나라에 사는 반딧불이 가운데 제일 작아요. 어른벌레, 애벌레, 번데기 모두 불빛을 내요. 애벌레는 물속에서 물달팽이나 다슬기를 먹고 살아요.

● **늦반딧불이**
8~9월에 산기슭이나 개울 주변의 풀숲에서 볼 수 있어요. 몸길이는 15~18㎜로 우리나라에 사는 반딧불이 가운데서 제일 커요. 애벌레는 풀숲에 살며 달팽이를 잡아먹고 살아요. 어른벌레, 애벌레, 번데기 모두 불빛을 내요.

●운문산반딧불이

6~7월에 산기슭에 있는 풀밭에서 볼 수 있어요. 몸길이는 10~14㎜예요. 운문산에서 처음 발견되어 운문산반딧불이라는 이름이 붙었어요. 애벌레는 풀숲에서 달팽이를 먹고 살며 어른벌레, 애벌레, 번데기 모두 불빛을 내요.

뿔쇠똥구리

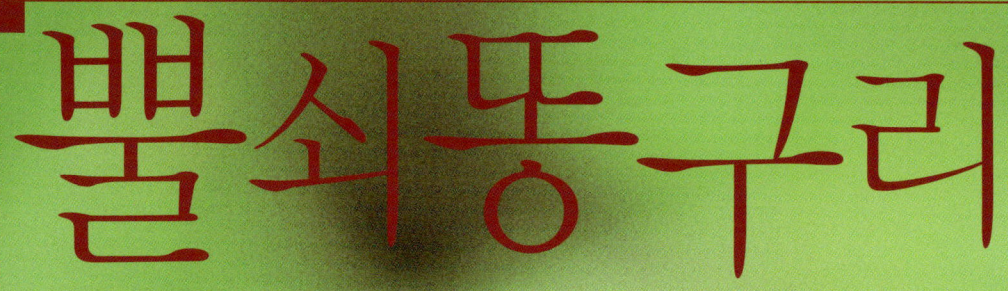

■ **쇠똥을 먹고 사는, 뿔쇠똥구리**

뿔쇠똥구리는 소가 눈 똥을 먹고 살아요.

뿔쇠똥구리는 건강한 **소**가 방금 눈 신선한 **똥**을 아주 좋아해요.

그래서 먼 거리에서도 신선한 똥을 먹으러 날아오지요.

뿔쇠똥구리는 엄청나게 많은 양의 쇠똥을 먹는 **대식가**예요.

계속 쇠똥을 먹으면서 자기도 똥을 누지요.

한번 상상해 보세요. 계속 먹으면서 똥을 누는 모습을…….

참, 우습지요?

뿔쇠똥구리는 어떻게 생겼어요?

2장 · 우리나라에 사는 곤충들 뿔쇠똥구리

뿔쇠똥구리는 몸길이가 약 19~28㎜이고, 몸 색깔은 반짝반짝 윤기가 나는 까만색이에요. 뿔쇠똥구리는 온몸이 단단한 껍질로 싸여 있어서, 마치 옛날 싸움터에 나가는 장수가 갑옷을 입은 것 같아요.
뿔쇠똥구리 수컷의 머리에는 뾰족하고 긴 뿔이 달려 있어요. 천적이 나타나면 이 뿔로 받아 버리지요.

▶뿔쇠똥구리 암컷의 머리에는 뿔이 없어요.

▼뿔쇠똥구리 수컷의 머리에는 멋진 뿔이 달려 있어요.

쇠똥구리는 어디에 알을 낳을까요?

암컷 쇠똥구리는 쇠똥 바로 밑에 굴을 파서 집을 지어요. 약 20㎝ 정도의 깊이로 굴을 파서 긴 방을 만들어요. 뿔쇠똥구리가 쇠똥 밑에 집을 짓는 이유는 집으로 쇠똥을 가져오기 편해서예요. 뿔쇠똥구리는 집으로 가져온 쇠똥을 구슬처럼 둥글게 만든 후, 그 속에 알을 낳아요.

▲ **뿔쇠똥구리 암컷**이 쇠똥 구슬을 만들었어요.

2장 · 우리나라에 사는 곤충들 | 뿔쇠똥구리

▼땅속 20㎝에 있는 뿔쇠똥구리 방에 암컷이 쇠똥 구슬을 지키고 있어요. 쇠똥 구슬 속에는 **뿔쇠똥구리의 알**이 있어요.

쇠똥구리는 어떻게 자라요?

2장 · 우리나라에 사는 곤충들

뿔쇠똥구리

알을 낳은 어미 뿔쇠똥구리는 알이 들어 있는 쇠똥 구슬을 잘 보살펴요. 쇠똥 구슬이 말라서 갈라지면 자기가 눈 똥을 발라서 손질을 해 주어요. 어미 뿔쇠똥구리의 보살핌으로 쇠똥 구슬 속에 있는 알에서 애벌레가 깨어나요. 애벌레는 그 속에서 쇠똥을 먹으며 어른 뿔쇠똥구리가 될 때까지 자라나요. 어미 뿔쇠똥구리는 그때까지 쇠똥 구슬 곁을 떠나지 않고 보살피며 지켜 줘요.

❶ 쇠똥 구슬 속에 있는 알이 애벌레가 되었어요.

❷ 쇠똥 구슬 속에서 애벌레가 번데기가 되었어요.

❸ 쇠똥 구슬 속에서 **뿔쇠똥구리**가 태어났어요. 이제 뿔쇠똥구리는 바깥 세상으로 나올 거예요.

노린재

고약한 노린내를 뿜는 노린재

노린재는 위험해지면 고약한 **노린내**를 뿜어 자신을 보호해요.
노린재는 개구리나 사마귀가 잡아먹으려 하면 노린내를 뿜어내요. 그러면 개구리와 사마귀도 고약한 냄새를 견디지 못하고 도망가 버려요.
노린내를 뿜어낸다고 이름도 노린재예요.
노린재는 곤충 세계의 '스컹크'랍니다.

▼큰광대노린재의 어른벌레와 애벌레

2장 · 우리나라에 사는 곤충들
노린재

노린재는 어떻게 자랄까요?

4~5월이 되면 들판에서 노린재를 볼 수 있어요. 노린재는 몸에서 나는 냄새를 통해 수컷과 암컷이 만나서 짝짓기를 해요. 짝짓기가 끝나면, 노린재 암컷은 식물의 잎에 예쁜 알을 낳아요.

▲**큰광대노린재 암컷과 수컷**이 짝짓기를 해요.

◀**큰광대노린재 암컷**이 **예쁜 알**을 낳았어요.

1주일이 지나면 알에서 아주 작은 애벌레가 깨어나요. 애벌레는 허물을 벗으며 쑥쑥 자라서 어른 노린재가 되지요.

▲큰광대노린재 알에서 애벌레가 깨어났어요.

161

우리나라에 사는 노린재

● 북쪽비단노린재

봄~가을에 들이나 산의 풀밭에서 볼 수 있어요. 몸길이가 7~9㎜의 작은 노린재로 배추, 양배추, 무 등의 즙을 빨아 먹고 살아요. 농작물에 피해를 주기 때문에 농부들이 싫어하는 곤충이에요.

● 홍줄노린재

7~9월에 들판이나 당귀밭, 인삼밭에서 볼 수 있어요. 몸길이는 9~12㎜로, 등판에 붉은 줄이 있어서 홍줄노린재라는 이름이 붙었어요. 당귀나 인삼 등의 꽃과 열매를 빨아 먹기 때문에 농부들이 싫어하는 곤충이에요.

곤 충 백 과

● 광대노린재
여름, 가을에 들이나 산에 있는 참나무, 노린재나무, 등나무 등에서 볼 수 있어요. 몸길이는 17~20㎜로 몸통에 새겨진 무늬가 아름다운 노린재예요. 어른벌레는 나무 열매의 즙을 빨아 먹고 살아요.

● 알락수염노린재
봄, 여름, 가을에 들이나 산에 있는 할미꽃, 콩, 목화 등에서 볼 수 있어요. 몸길이는 11~13㎜로 식물을 해치는 노린재예요.

● 배홍무늬침노린재
4~10월에 산의 풀숲에서 볼 수 있어요. 몸길이는 12~15㎜이며 다른 곤충을 잡아서 침처럼 생긴 뾰족한 입으로 찔러서 빨아 먹어요.

하늘소

긴 안테나를 가진 하늘소
하늘소를 본 적이 있나요?
머리에 안테나 같은 **긴 더듬이**가 달린 곤충이에요.
빨간하늘소, 녹색하늘소, 하얀하늘소, 까만하늘소 등
여러 가지 색깔의 하늘소가 있어요.
색깔은 달라도 모두 머리에 안테나 같은
긴 더듬이가 달려 있지요.

▼꽃가루를 먹는 봄산하늘소

하늘소는 무엇을 먹어요?

2장 · 우리나라에 사는 곤충들 하늘소

하늘소는 긴 더듬이 외에 날카롭고 힘이 센 입이 특징이에요. 이 입으로 단단한 나무를 싹둑싹둑 자를 수 있어요. 그래서 나무에 사는 하늘소는 나무껍질이나 나무 속을 먹고 살지요. 하늘소 가운데는 꽃에 사는 하늘소도 있어요. 꽃에 사는 하늘소는 꿀, 꽃가루, 잎 등을 먹고 살아요.

▶ 노란띠하늘소는 꽃에 날아와 꿀을 빨아 먹고 살아요.

▼참나무에 사는 참나무하늘소
참나무를 갉아 먹고 살아요.

하늘소는 어떤 곤충을 흉내 내요?

힘이 강한 곤충을 흉내 내는 하늘소도 있어요.
몸 빛깔과 모양이 벌과 비슷한 벌호랑하늘소는
독침이 있고 힘이 강한 벌을 흉내 내요.
벌호랑하늘소를 잡아먹으려던 천적들도
"앗! 독침이 있는 벌이네." 하고 깜짝 놀라 도망가 버려요.
이처럼 벌호랑하늘소는 자신을 보호하기 위해
강한 곤충을 흉내 내는 거예요.

▲벌호랑하늘소는 독침이 있는 벌의 모습을 흉내내요.

▲호리꽃등에는 꿀벌을 닮았지만, 독침이 없어요.

▲산흰줄범하늘소는 독침을 가지고 있는 벌을 흉내 내요.

여러 색깔의 하늘소

● 장수하늘소

7~8월에 서어나무, 참나무 등이 있는 숲에서 볼 수 있어요. 몸길이는 수컷이 85~110㎜, 암컷이 65~85㎜로 우리나라에 사는 하늘소 가운데 가장 커요. 장수하늘소는 몸집이 크기 때문에 날아갈 때 날개가 부딪치는 소리가 들려요. 천연기념물 제218호로 지정돼 보호받지만 멸종 위기에 처해 있어요.

● 모자무늬주홍하늘소

4~8월에 산에 핀 꽃이나 참나무 잎에서 볼 수 있어요. 몸길이는 17~23㎜로 주홍색 몸 빛깔이 아름다운 하늘소예요. 앞날개에 서양 사람의 중절모자 무늬가 있어요. 그래서 모자무늬주홍하늘소라고 불려요.

곤 충 백 과

● 알락하늘소
6~9월에 뽕나무, 버드나무에서 볼 수 있으며 몸길이는 26~35㎜예요. 몸 빛깔은 검은색이며 앞날개에는 흰색 점무늬가 있어요. 버드나무, 뽕나무 등의 나무 껍질을 먹고 살아요.

● 흰염소하늘소
5~9월에 호두나무나 뽕나무에서 볼 수 있어요. 몸길이는 13~20㎜로, 몸 빛깔이 하얀 예쁜 하늘소예요. 어른벌레, 애벌레 모두 호두나무와 뽕나무를 먹고 살아요.

길앞잡이

길을 안내하는 곤충, 길앞잡이

봄에 산길을 걷다 보면 몸 빛깔이 보석처럼 화려한 **길앞잡이**를 볼 수 있어요.
길앞잡이는 갑자기 나타나서 4~5m 앞에 앉아요.
걸음을 옮기면 다시 길을 **안내하듯이** 앞으로 날아가 앉아요.
이처럼 사람이 나타나면 길을 안내하듯이 계속 앞에서 날아가기 때문에 '길앞잡이'라는 이름이 붙여졌어요.

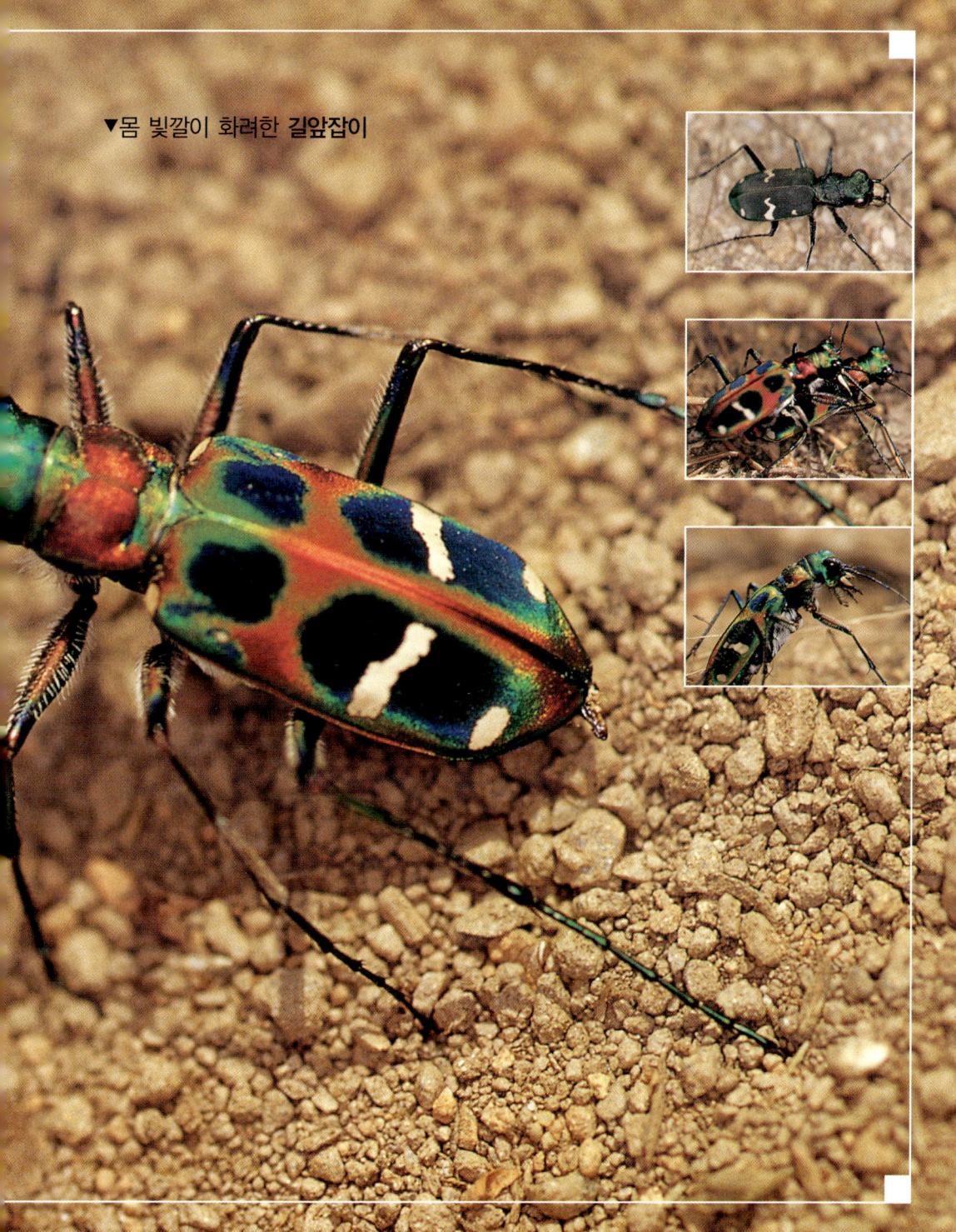

▼몸 빛깔이 화려한 길앞잡이

2장 · 우리나라에 사는 곤충들
길앞잡이

길앞잡이는 언제 태어날까요?

길앞잡이는 땅속에서 겨울잠을 자다가 봄이 되면 밖으로 나와 활동을 시작해요. 5월에는 암컷과 수컷이 만나서 짝짓기를 하지요. 짝짓기를 한 암컷은 흙 속에 알을 낳아요. 얼마 후, 알에서 깨어난 애벌레는 땅굴을 파고 땅속에서 살아요. 애벌레는 허물을 벗으며 자라나 7월에 번데기가 되어요. 그리고 8월에는 번데기에서 몸 빛깔이 화려한 길앞잡이가 태어나지요.

▲짝짓기를 하는 **길앞잡이**

▲짝짓기를 한 **암컷 길앞잡이**는 꽁무니를 흙 속에 박고 알을 낳아요.

▲ **길앞잡이의 큰턱**은 날카로운 톱니처럼 생겼어요.

▲ **꼬마길앞잡이**는 염전(소금밭)에 살아요.

● **아이누길앞잡이**
4~6월에 풀밭이나 산길에서 볼 수 있어요. 몸길이는 16~21㎜로 매우 흔한 길앞잡이예요. 어른벌레로 땅속에서 겨울잠을 자다가 이른 봄부터 밖으로 나와 활동을 시작해요. 아주 밝은 날에 많이 볼 수 있어요.

● **뜰길앞잡이**
4~6월이나 늦가을에 강가의 모래밭에서 볼 수 있어요. 몸길이는 10~14㎜이며 모래밭에서 개미나 깔따구 같은 작은 곤충을 잡아먹고 살아요. 강가에 앉아 있으면 짝짓기 하는 모습과 먹이를 사냥하는 모습을 볼 수 있답니다.

물속에 사는 곤충

곤충은 대부분 땅 위에 살지만, **물속에 사는 곤충**도 있어요.
물속에 사는 곤충은 개울처럼 흐르는 물에 사는 곤충과
연못처럼 고인 물에 사는 곤충으로 나눌 수 있어요.
흐르는 물에 사는 곤충은 날도래 애벌레, 물잠자리 애벌레,
어리장수잠자리 애벌레, 하루살이 애벌레 등이 있어요.
그리고 고인 물에 사는 곤충은 물자라, 소금쟁이, 물장군, 물방개,
게아재비, 장구애비 등이 있지요.

▼ 흐르는 물에 사는 물잠자리 애벌레

물자라는 어디에 알을 낳아요?

물에 사는 곤충 가운데 특히 알을 보호하는 습성이 강한 곤충이 바로 물자라예요. 다른 곤충들과 달리 물자라 암컷은 수컷의 등에 알을 낳지요. 물자라 수컷은 알이 깨어날 때까지 알을 등에 업고 다니면서 돌보아요. 수컷은 가끔 알을 물 밖으로 내놓기도 하는데, 이것은 알이 잘 깨어날 수 있게 온도와 공기를 조절해 주는 행동이랍니다.

▲물자라
잠자리 애벌레를 잡아먹어요.

▲물자라 암컷
암컷 등판에는 알이 없어요.

▼물자라 수컷
등에 알을 업고 다녀요.

소금쟁이는 어떻게 물 위에 뜰까요?

물에 사는 곤충 가운데 물 위를 걸어 다니는 곤충이 있어요. 바로 소금쟁이예요. 소금쟁이는 몸이 가벼운데다 다리 끝에 난 털 사이에 기름이 묻어 있어서 가뿐하게 물 위에 뜰 수 있지요. 소금쟁이는 물 위를 미끄러지듯이 돌아다니면서 물 위에 떨어진 곤충을 잡아먹어요.

2장 · 우리나라에 사는 곤충들

물 속에 사는 곤충

▲물 위를 걷는 **소금쟁이**

▲물 위에 뜬
죽은 곤충을 먹고 있는
소금쟁이

물속 곤충은 모두 헤엄을 잘 치나요?

게아재비와 장구애비는 물속에 살지만 헤엄을 잘 치지 못해요. 그래서 헤엄치기보다는 기어 다닐 때가 더 많아요. 이들은 물속을 걸어 다니다가 물풀 뒤에 숨어서 올챙이, 물고기, 잠자리 애벌레 등을 잡아먹어요. 게아재비와 장구애비는 물속에서 숨이 차면 꼬리 끝에 침처럼 생긴 숨관을 물 밖으로 내밀어 숨을 쉬어요.

2장 · 우리나라에 사는 곤충들

물 속에 사는 곤충

▼먹이 사냥을 하려는 게아재비
사마귀처럼 꼼짝 않고 있다가 앞으로 지나가는 먹이를 낚아채요.

▼왕잠자리 애벌레를 잡아먹는 **장구애비**
침처럼 생긴 입으로 잠자리 애벌레의
체액을 빨아 먹어요.

가장 큰 물속 곤충은 무엇일까요?

물장군은 몸길이가 48~65㎜로, 물속에 사는 곤충 가운데 가장 몸집이 커요. 그리고 성질이 포악하고 힘이 센 물속 곤충들의 우두머리예요. 물장군은 갈퀴처럼 생긴 앞다리로 올챙이, 물고기는 물론 개구리까지 잡아서 침처럼 생긴 입으로 빨아 먹어요. 물장군은 점점 사라져 가는 곤충이라 나라에서 보호하고 있어요.

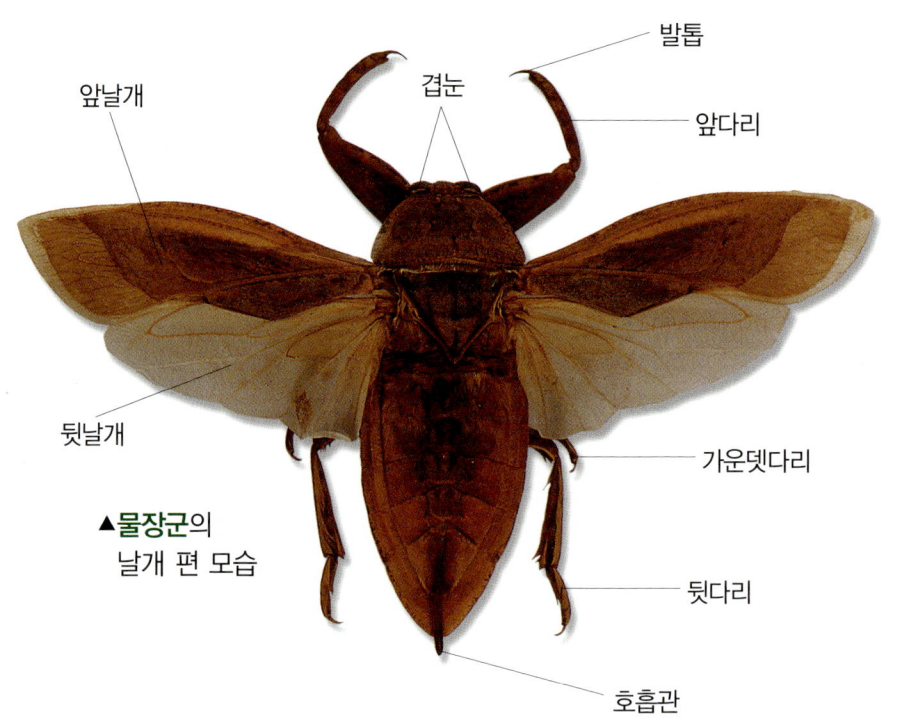

▲물장군의 날개 편 모습

▲힘이 센 **물장군**은 점점 사라져 가는 물속 곤충이에요.

물방개를 왜 물속 청소부라고 할까요?

갑옷처럼 단단한 날개로 몸을 감싸고 있는 물방개는 힘이 센 물속의 대장이에요. 물방개는 물고기, 잠자리 애벌레, 물자라, 게아재비 등 물속에 사는 곤충들을 마구 잡아서 모조리 씹어먹어요.
또 죽은 동물의 시체까지 먹어 버리기 때문에 물속의 청소부라는 별명을 가지고 있지요.

▲물속의 청소부인 **물방개**의 옆모습

▼물고기를 잡아먹는 물방개

주변에서 볼 수 있는 곤충

우리가 사는 집 주변에도 **곤충**이 많이 있어요.
우선 집 가까이에 있는 곤충부터 찾아서 관찰해 보아요.
제일 먼저 집 안에 있는 곤충을 살펴보면,
쌀통에는 쌀을 파먹고 사는 **쌀바구미**가 살아요.
부엌에는 청소를 깨끗이 하지 않으면 나타나는
바퀴벌레가 살아요.
또, 여름철에는 문만 열어 놓으면 **파리와 모기**가
집 안으로 들어와서 우리를 괴롭히지요.

◀사람의 피를 빨아 먹는 모기

꽃밭에서 어떤 곤충을 볼 수 있나요?

집 마당의 꽃밭이나 공원의 꽃밭에도 여러 종류의 곤충이 날아와요. 나비, 벌, 꽃등에, 꽃무지, 노린재 등이 꽃에서 꿀을 빨거나 꽃가루를 먹지요. 또, 자세히 관찰하면 꽃 뒤에 숨어 있다가 꿀을 빠는 꿀벌을 잡아서 체액을 빨아 먹는 꽃게거미도 볼 수 있어요.

▲꽃밭에 날아와 꿀을 빠는 **네발나비**

▲**코스모스** 꽃에서 꽃가루를 먹고 있는 **풀색꽃무지**

▼꽃에서 꿀을 빨다가 게거미에게 잡힌 **꿀벌**

곤충들이 가로등에 왜 모일까요?

2장 · 우리나라에 사는 곤충들 주변에서 볼 수 있는 곤충

여름밤, 현관등이나 가로등의 불빛을 보고 곤충이 날아와서 붙어 있거나 등 주위에 앉아 있는 것을 볼 수 있어요. 밤에 활동하는 곤충은 불빛을 보고 모이는 습성이 있기 때문이에요. 여러 종류의 나방, 풀잠자리, 뱀잠자리, 귀뚜라미, 사마귀 등을 가로등 주위에서 쉽게 볼 수 있지요. 낮에 활동하는 사마귀가 이곳에 온 이유는 가로등에 날아오는 곤충들을 잡아먹기 위해서예요.

◀불빛에 날아오는 **주홍박각시나방**

▼불빛에 날아오는 풀잠자리

3장
곤충의 이모저모

알면 알수록 신비한 곤충의 세계!
곤충은 숲 속, 풀밭, 물가 등에서 살아요.
다양한 방법으로 숨바꼭질을 하여 천적에게
잡히지 않는 곤충도 있고, 재빨리 먹이를
잡는 곤충도 있어요. 겨울이 되면 또 따뜻한
봄이 올 때까지 겨울잠을 잔답니다.
사람처럼 자기 뜻을 전달하고 행동하는
곤충들이 놀랍고 신비롭지요?

곤충은 어디에서 살아요?

곤충을 보고 싶다면
우선 자연 환경이 잘
보전되어 있는 숲 속,
풀밭, 물가를 찾아가야 해요.
숲 속에는 졸참나무,
상수리나무, 팽나무, 밤나무 등
다양한 식물들이 있어서
장수풍뎅이, 사슴벌레, 나비, 벌,
풍이, 하늘소 등 많은 곤충을
만날 수 있어요.
풀밭에는 엉겅퀴, 토끼풀, 개망초 등
다양한 꽃들이 피어 있어서 꿀과 꽃가루를
먹으러 오는 꽃등에, 꽃하늘소, 풍뎅이, 나비, 메뚜기
등을 볼 수 있답니다.
강이나 연못이 있는 물가에는 물에 사는 곤충과
여러 종류의 잠자리를 볼 수 있어요.

▲참나무에는 **사슴벌레, 장수풍뎅이, 하늘소** 등이 살아요.

▲물풀이 있는 **연못**에는 다양한 종류의 **잠자리**가 있어요.

▼꽃이 핀 들판에는 **나비, 꽃등에, 메뚜기** 등이 살아요.

3장 · 곤충의 이모저모

숨바꼭질을 하는 곤충이 있어요?

곤충 중에는 천적의 눈에 띄지 않으려고
숨바꼭질하는 곤충이 있어요.
나뭇가지 흉내를 내는 대벌레와 자벌레는 나뭇가지에 앉아
있으면 찾을 수가 없어요. 또, 열대 지방에 사는
나뭇잎벌레는 몸 전체가 나뭇잎과 똑같이 생겼어요.
그래서 나뭇잎벌레가 나뭇잎에 앉아 있으면
정말 찾기 힘들어요.

▲열대 지방에 사는 나뭇잎벌레
나뭇잎과 똑같이 생겼어요.

▲나뭇가지 흉내를 내는 대벌레
나뭇가지처럼 생겼어요.

▼나방의 애벌레인 자벌레도 나뭇가지 흉내를 내어 적의 눈을 피해요.

3장 · 곤충의 이모저모

곤충 중에는 천적이 싫어하거나 두려워하는
강한 동물을 흉내 내는 곤충도 있어요.
제비나비 애벌레는 뱀의 모습을 흉내 내고,
포도유리나방이나 벌호랑하늘소는
독침이 있는 벌의 모습을 흉내 내어 적을 속여요.
강한 동물을 흉내 내어 자기 몸을 보호하는 거지요.

▲**제비나비 애벌레**의 등에 있는 무늬를 앞에서 보면
 정말 뱀처럼 생겼어요.

▼포도유리나방이 짝짓기를 하고 있어요.
나방인데 마치 벌처럼 생겼어요.

3장 · 곤충의 이모저모

또 곤충 중에는 자기 몸을 보호하기 위해서 뿐만 아니라
먹이를 잡아먹기 위해서 숨바꼭질하는 곤충도 있어요.
열대 지방에 사는 꽃잎사마귀는 난초꽃 위에서 마치 꽃인냥
흉내를 내고 숨어 있다가 꽃에 날아온 곤충을 잡아먹어요.
이처럼 꽃잎사마귀는 꽃과 흡사하게 생겨서
천적으로부터 몸을 지킴과 동시에
자신의 먹잇감도 쉽게 잡을 수 있답니다.

▲열대지방에 사는 꽃잎사마귀
난초꽃 위에서 마치 꽃인냥 숨어 있다가 꽃에 날아온 먹이를 잡아먹어요.

▼난꽃에 숨어서 먹이를 기다리는
　　　　　　꽃잎사마귀

곤충은 어떻게 겨울을 날까요?

3장 · 곤충의 이모저모

겨울은 먹이도 부족하고 기온이 낮아 곤충에게는 아주 힘든 계절이에요. 그래서 곤충은 봄이 올 때까지 추위를 견디기 위해 각각 자신에게 알맞은 형태로 겨울잠을 자요. 풀무치, 사마귀, 암고운부전나비는 알로 겨울잠을 자고, 왕오색나비, 장수풍뎅이는 애벌레로 겨울잠을 자지요. 또 호랑나비, 배추흰나비, 노랑쐐기나방은 번데기로 겨울잠을 자고, 무당벌레, 애사키뿔노린재는 어른벌레로 겨울잠을 자요.

▲겨울잠을 자는
암고운부전나비의 알

▲고치 속에서 번데기로
겨울잠을 자는
노랑쐐기나방

▲여러 마리가 모여서
어른벌레로 겨울잠을 자는
무당벌레

▼낙엽 밑에서 겨울잠을 자는 왕오색나비 애벌레

3장 · 곤충의 이모저모

곤충은 어떻게 의사 전달을 해요?

사람이 말로 자기의 뜻을 전하듯이 곤충도 소리, 빛, 냄새로 자기의 뜻을 전해요. 매미, 메뚜기, 방울벌레의 수컷은 울음소리를 내어 암컷에게 "이리 와 짝짓기를 해요." 하고 자기 뜻을 전해요. 애반딧불이 암컷과 수컷은 빛을 내어 상대방에게 "나, 여기 있어요." 하고 위치를 알리지요. 또 나방의 암컷은 냄새를 풍겨 수컷에게 자기의 위치를 알려요.

▲날개를 들고 울고 있는 **방울벌레 수컷**
소리로 자기 뜻을 전해요.

▲불빛을 내는 **애반딧불이**
빛으로 자기 뜻을 전해요.

▼풀잎에 앉아 있는 **섭나방**
나방은 냄새로 자기 뜻을 전해요.

세계에서 가장 큰 곤충은 무엇일까요?

지구상에는 약 100만 종이 넘는 곤충이 살고 있어요. 세계에서 가장 긴 곤충은 열대 지방에 사는 대벌레인데, 무려 몸길이가 55.5cm나 되어요. 또 세계에서 가장 큰 장수풍뎅이는 헤라클레스장수풍뎅이인데, 몸길이가 15~18cm이고, 몸무게가 88~100g이나 되지요. 세계에서 가장 큰 하늘소는 타이탄하늘소인데, 몸길이가 15~20cm나 되어요. 세계에서 가장 큰 꽃무지는 골리앗큰뿔꽃무지인데, 몸길이는 8cm이고, 몸무게는 100g이나 되지요.

▲세계에서 가장 큰 장수풍뎅이인
헤라클레스장수풍뎅이

▲세계에서 가장 큰 꽃무지인
골리앗큰뿔꽃무지

◀세계에서 가장 큰 하늘소인
타이탄하늘소

▲열대 지방에 사는 **대벌레** 제일 큰 것은 몸길이가 55.5cm나 되어요.

곤충 관찰 떠나기

산과 들로 나가서 곤충이 사는 모습을 관찰해요. 곤충을 책에서 보는 것과 밖에서 직접 눈과 코와 손으로 체험하는 것은 크게 달라요. 곤충을 직접 관찰해야 더 확실하게 이해할 수 있어요. 우선 관찰을 떠나기 전에 준비물과 주의할 일들을 알아보기로 해요.

· 편한 옷차림이 좋아요

옷차림은 활동하기 편한 옷이 좋아요. 몸에 꼭 끼지 않는 헐렁한 옷이 좋지요. 그리고 신발도 등산화나 운동화처럼 편한 신발이 좋아요. 또, 여름에도 긴소매 옷과 긴바지가 좋아요. 벌레에 물리는 것을 막고 가시에 찔려도 살을 보호할 수 있거든요.

● 준비물

· **휴대용 곤충 도감** – 곤충의 이름을 알아볼 때 필요해요.

· **공책과 필기구** – 곤충 관찰 내용을 적어요.

· **관찰통** – 곤충을 임시로 담아 두어 가까이에서 관찰할 수 있는 통이에요. 투명한 것이 좋아요.

· **손전등** – 밤에 곤충을 관찰할 때 필요해요.

· **포충망** – 잠자리, 매미, 나비 등 날아다니는 곤충을 채집하여 관찰할 때 필요해요.

· **핀셋** – 작은 곤충을 다룰 때 필요해요.

· **돋보기** – 작은 곤충이나 곤충의 알을 관찰할 때 필요해요.

· **비닐주머니** – 곤충을 채집하여 담아 갈 때 필요해요.

· **장갑** – 직접 만지기 힘든 곤충을 만질 때 필요해요.

· **기타 필요한 물품** – 생수, 우산, 우비, 장화도 준비하면 좋아요. 또 벌레에 물리거나 쏘였을 때를 대비해서 벌레 물린 데 바르는 연고를 준비해요.

· 주의 할 일

곤충 가운데는 독을 몸에 지니고 있는 것이 있어요. 잠자리나 사슴벌레, 하늘소 같은 곤충 외에는 어떤 곤충이든 맨손으로 잡지 않는 것이 첫 번째 주의할 일이에요.

▲왕파리매

▲남가뢰

▲털보말벌

▲송장헤엄치게

▲노랑쐐기나방 애벌레

▲얼룩매미나방

특히 벌, 송장헤엄치게, 파리매, 소등에, 독나방, 나방의 애벌레, 지네, 반날개 등은 물거나 쏘는 위험한 곤충이므로 절대로 손으로 만지지 마세요.

두 번째로 주의할 일은 출입이 금지된 곳이나 철조망이 처진 곳 안에는 함부로 들어가면 안 돼요.

세 번째로 주의할 일은 작은 휴지 조각이라도 함부로 아무 데나 버리지 말고, 자연을 사랑하는 마음으로 보호해야 해요.

와~ 곤충 채집 정말 재밌다!

어린이 과학백과 시리즈 초등 교과 연계표

책 명	학년-학기	교 과	단 원
인체백과	2-1	봄2	1. 알쏭달쏭 나
	6-2	과학	4. 우리 몸의 구조와 기능
곤충백과	2-1	여름2	2. 초록이의 여름 여행
	3-1	과학	3. 동물의 한살이
	5-1	과학	5. 다양한 생물과 우리 생활
로봇백과	3-1	국어	2. 문단의 짜임
	3-1	과학	2. 물질의 성질
동물백과	3-1	과학	3. 동물의 한살이
	3-2	과학	2. 동물의 생활
	5-1	과학	5. 다양한 생물과 우리 생활
호기심백과	2-1	봄2	1. 알쏭달쏭 나
	3-1	과학	5. 지구의 모습
	5-2	과학	3. 날씨와 우리 생활
바다해저백과	3-1	과학	5. 지구의 모습
	3-2	과학	2. 동물의 생활
공룡백과	3-2	과학	2. 동물의 생활
	4-1	과학	2. 지층과 화석
전통과학백과	1-2	겨울1	2. 여기는 우리나라
	3-1	과학	2. 물질의 성질
	3-2	사회	2. 시대마다 다른 삶의 모습
우주백과	3-1	과학	5. 지구의 모습
	5-1	과학	3. 태양계와 별
장수풍뎅이 사슴벌레백과	2-1	여름2	2. 초록이의 여름 여행
	3-1	과학	3. 동물의 한살이
파충류백과	3-1	과학	3. 동물의 한살이
	3-2	과학	2. 동물의 생활
	5-1	과학	5. 다양한 생물과 우리 생활
벌레잡이·희귀 식물백과	1-1	봄1	2. 도란도란 봄 동산
	4-1	과학	3. 식물의 한살이
	4-2	과학	1. 식물의 생활
세계 최고·최초백과	3-1	과학	5. 지구의 모습
	5-1	과학	3. 태양계와 별
	6-2	사회	1. 세계 여러 나라의 자연과 문화
발명백과	3-1	과학	2. 물질의 성질
	4-2	과학	3. 그림자와 거울
드론백과	3-1	과학	2. 물질의 성질
	5-2	과학	4. 물체의 운동
인공지능백과	4-1	과학	1. 과학자처럼 탐구해 볼까요?
	5	실과	6. 나의 진로
	6	실과	3. 생활과 소프트웨어 4. 발명과 로봇